coleção primeiros passos 340

Ivone Gebara

O QUE É
SAUDADE

editora brasiliense

copyright © by Ivone Gebara
Nenhuma parte desta publicação pode ser gravada,
armazenada em sistemas eletrônicos, fotocopiada,
reproduzida por meios mecânicos ou outros quaisquer
sem autorização prévia do editor.

Primeira edição, 2010
1ª reimpressão, 2023

Diretora Editorial: *Maria Teresa Lima*
Editor: *Max Welcmann*
Imagem da capa: *Florada de jabuticabeira*

Dados Internacionais de Catalogação na Publicação (CIP)
(Câmara Brasileira do Livro, SP, Brasil)

Gebara, Ivone
  O que é saudade / Ivone Gebara. – São Paulo :
Brasiliense, 2010. – (Coleção primeiros passos ; 340)

  Bibliografia
  ISBN 978-85-11-00033-7

  1. Saudade 2. Saudade - Aspectos psicológicos
3. Saudade - Filosofia I. Título. II. Série.

10-09011   CDD-128.4

Índices para catálogo sistemático:
1. Filosofia da saudade   128.4
2. Saudade : Filosofia   128.4

Editora Brasiliense
Rua Antônio de Barros, 1586 – Tatuapé
CEP 03401-001 – São Paulo – SP
www.editorabrasiliense.com.br

SUMÁRIO

Introdução 7
I - Saudade como condição humana 14
II - O tempo e a saudade 20
III - Os limites do sentimento saudoso e a saudade
de mim 31
IV - Saudade, memória e imaginação 44
V - A paradoxal eclosão da saudade 56
VI - A estética da saudade 70
VII - A ética da saudade 75
VIII - A psicologia da saudade 87
IX - A origem social da saudade 103
X - A estranha dor da saudade 113
XI - Fechos sobre o sem fim da saudade... 128
Indicações para leitura 139
Sobre a autora 141

INTRODUÇÃO

*Os cacos da vida, colados,
formam uma estranha xícara.
Sem uso,
ela nos espia do aparador.*
Carlos Drummond de Andrade

"Por que você não escreve sobre a saudade?". "Saudade? Por quê? Já se falou tanto da saudade!". "Porque saudade é um tema sempre atual e vale a pena pensar de novo sobre ela".

Senti-me desafiada e acolhi o desafio do tema proposto com uma mistura de temor e alegria. Achei que ele me abriria a questões que a princípio pareciam estar fora dos meus temas habituais,[1] e que talvez me acenasse para novos e interessantes horizontes de pesquisa.

Por mais de um ano, o tema proposto como livro ia e vinha na minha cabeça, dava voltas, provocava perguntas e angústias como se fosse uma ideia fixa perseguindo-me continuamente. No início não sabia por onde começar. A saudade se tornou em muitos momentos "uma pedra em meu caminho". Ensaiava passos, mas não conseguia ir adiante. Sentia necessidade de tomá-la nas mãos, senti-la e torná-la fonte de inspiração para algo bom, algo que pudesse expressar de um jeito atual a saudade que mora em mim e em tanta gente.

Mas sobre qual saudade escreveria? A minha? A de outras pessoas? A dos poetas? A dos filósofos? A dos místicos? A dos homens? Ou a das mulheres? Seria um comentário sobre escritos a respeito da saudade? Sobre poemas e canções? Um compêndio sobre ideias de diferentes autores

---

[1] Cf. *As águas de meu poço*, *O que é teologia*, *O que é teologia feminista*, *O que é cristianismo* – publicados pela Editora Brasiliense.

que falaram da saudade? Eram muitas as possibilidades e os enfoques. E eu tinha de escolher um.

O primeiro passo foi assumir a decisão de que iria escrever sobre uma mistura de experiências saudosas que tocassem a dimensão emocional e a filosófica. Elaborei um projeto provisório para iniciar o trabalho, e o definitivo foi aparecendo pouco a pouco. O caminho havia sido iniciado e a gestação do texto se anunciava difícil, mais do que em outros escritos.

É claro que já sentira saudades, e muitas. Mas, percebi que não conseguia estabelecer uma linha de pensamento clara nem constância na redação do texto a partir de minha própria experiência. A saudade me parecia subjetivamente plural e complexa. Apesar de ser uma emoção real, parecia-me cada vez mais abstrata, sobretudo quando tentava descrevê-la ou explicar o alcance da complexa emoção que a envolvia. Por vezes ela me escapava, e, em seguida, surgia com outros nomes que pareciam, entretanto, avizinhar-se da saudade. Enfrentei dúvidas sobre se tal ou qual emoção era de fato saudade e percebi também coisas que mesmo não se apresentando com esse nome apareciam com um incontestável fundo saudoso.

Intuí, finalmente, como outros antes de mim, que a palavra saudade não precisava ser pronunciada ou escrita para que habitasse a alma. Havia muitos caminhos, muitas ruelas da vida por meio das quais ela entrava sem mesmo que seu nome fosse pronunciado. E isso me pareceu verdade também para os superocupados, para os críticos da palavra saudade ou para os que afirmavam não ter saudades.

Nessa busca, conversei com amigos, li poemas e ouvi algumas canções sobre a saudade que além de acordarem emoções, provocaram também minha reflexão. No fundo, a saudade não me deixou apreendê-la como um objeto claro e nem como uma emoção com contornos bem delimitados. Não me permitiu desenhá-la nem afirmá-la com precisão. Ela resistiu a ser reduzida a uma ideia, a um conceito ou a um objeto sobre o qual nos debruçamos para conhecê-lo melhor. Quando parecia que nos entendíamos, ela se afastava de mim como se desaparecesse num túnel longo e obscuro. Sua habitação parecia distante e ao mesmo tempo muito próxima. Quando a chamava ela não vinha. E quando mal a esperava ela irrompia de muitas formas difíceis de descrever e, sobretudo, de escrever.

O trabalho foi como o de uma escultora com dificuldade de modelar a pedra de mármore diante de si. O mármore saudoso e duro parecia resistente à minhas insistentes cinzeladas. Foi como se eu provasse de uma maneira próxima que "vivendo, estamos para doer, estamos doendo".[2] E minha saudade doía em mim. Expunha-me a recordações e a sentimentos que compunham muitos "cacos de vida", de nossas vidas; alguns colados e outros faltando, perdidos em algum lixão da cidade ou já transformados em pó. A xícara da saudade era em parte feita de cacos colados e em parte da falta de pedacinhos de cerâmica que permitiam um opaco jogo de luzes. A saudade parecia estar em tudo e por isso tentei descrever algumas de suas múltiplas dimensões tão interdependentes entre si.

Apesar do sofrimento intelectual e dos confusos sentimentos nascidos em mim, uma coisa me parecia clara desde o início da empreitada. Queria escrever algo prazeroso e belo sobre a saudade. Queria romper com seu fardo muitas vezes pesado e doloroso. O prazeroso e o

---

[2] Carlos Drummond de Andrade, "Relógio do Rosário", *Antologia poética*, p. 291.

belo significam para mim algo que, apesar de sério, pode levar o leitor a uma sensação de bem estar, a um sentimento de satisfação, de alimento gostoso e gozoso, sobretudo para o coração. Prazeroso e belo como algo capaz de provocar um sentimento diferenciado, personalizado em meio à uniformização que o mundo atual nos sujeita. Senti que esse prazer tinha a ver com a beleza de que necessitamos para viver e que eu necessitava ver expressa em meu texto.

Queria um texto bonito, é claro, primeiro para mim. Pois era eu a artista, a desenhista, a escultora da saudade, e precisava gostar de minha obra. Mas, além disso, tinha de ser uma beleza participada, tecida de solidões, de pequenas memórias de tristezas e de alegrias alheias que se comunicam a partir de coisas que reconhecemos como importantes para a nossa vida.

Muitos poetas e poetisas me ajudaram a encontrar o caminho. Com eles e elas senti o quanto somos pedaços uns dos outros como numa colcha de retalhos. Somos parecidos em nossos recortes, amores e saudades. Então minha saudade podia ser apenas um pedacinho da colcha de retalhos. O arranjo e a combinação das cores dos panos, assim como a cor do fio que as une eram expressão de minha inspiração e originalidade.

Minha saudade parecia talvez com a xícara colada de Carlos Drummond de Andrade, com uma colcha comum de retalhos, mas também se parecia com uma sopa de verduras com muitos pedacinhos de legumes cortados em formas diferentes. Tão igual e tão diferente a tantas saudades! No fundo, gostaria que minha saudade satisfizesse por um instante as muitas fomes que temos em nós: fome de pão, fome de beleza, fome de amizade, fome de justiça, fome de tempo gratuito, fome até de saudade. E aqui vai para vocês a substância de minha saudade.

I
SAUDADE COMO CONDIÇÃO HUMANA

Nunca morei longe de meu país.
Entretanto padeço de lonjuras.
Desde criança minha mãe portava esta doença,
ela que me transmitiu.
Depois meu pai foi trabalhar num lugar que dava
essa doença nas pessoas.
Era um lugar sem nome, nem vizinhos.

Manoel de Barros

O poeta Manoel de Barros descreve no poema "A doença" uma enfermidade hereditária da qual todos nós padecemos. Doença de padecimento de lonjuras, mesmo para quem nunca saiu de seu país. Doença que dá em todos os lugares. Seu pai sofreu da mesma doença quando estava trabalhando num lugar onde as outras pessoas também eram acometidas pela mesma enfermidade.

Era num lugar sem nome, porque continha nele todos os nomes dos lugares onde a saudade habitava. E era um lugar sem vizinhos, porque cada saudade é uma saudade única, solitária e vivida no ermo da subjetividade. Era um padecimento de lonjuras, de distâncias imensas dentro de um mesmo lugar. Este é um dos muitos modos de manifestação da saudade. É coisa que dá em todas as gentes e que o poeta, brincando com palavras, sabe diagnosticar melhor do que ninguém.

Tem saudade herdada, saudade de si, saudade das invenções de si mesmo. Tem saudade de vivos e de mortos. Tem saudade curável com remédio e outras incuráveis. E todas elas são padecimentos, memórias de pedaços de histórias sentidas e sofridas. Saudade é como um caminho da memória acompanhado pela imaginação, desenhando e redesenhando os contornos da vida já vividos ou apenas sonhados. "Eu tenho um ermo enorme dentro do olho. Por motivo do ermo não fui um menino peralta. Agora tenho saudade do que não fui. Acho que o que faço agora é o que não pude fazer na infância."[3]

A saudade recupera tempos, reinventa-os, modifica-os. A partir de nossos desejos circunstanciais e de nossas emoções, reinventa cada narrativa sobre o tempo passado e sobre nossa história presente.

Saudade é uma palavra que evoca, com frequência, emoções positivas, embora marcadas por uma tristeza nostálgica. Muitas vezes achamos que ter saudade é algo bom, apesar daquela ponta dolorosa que fica no coração. É algo que nos remete ao reconhecimento de que algumas situações vividas ainda são capazes de nutrir as nossas aspirações e nossa vida presente.

Não é necessário que as coisas do passado voltem a acontecer de novo. Basta que, ao nos lembrarmos delas, reconheçamos que foram tempos bons ou momentos de alegria ricos de significados. Isso torna a saudade um sentimento positivo em relação ao que foi vivido.

---

[3] Manoel de Barros, *Memórias inventadas, terceira infância*. São Paulo: Planeta, 2008, s/p.

As "histórias de vida", "as memórias", "as confissões da juventude" de tantos autores e autoras testemunham um reconhecimento do valor do que foi vivido no passado. Por essa razão, como qualquer sentimento, emoção ou ação humana, a saudade também está sempre envolvida pela ambiguidade e pela multiplicidade de significados, vividos pelos diferentes sujeitos que a sentem.

A saudade pode ser muita coisa e é difícil explicá-la de uma única maneira. Ela pode fazer bem à alma, mas pode igualmente lançar setas dolorosas. Pode ser anúncio de vida e anúncio de morte.

Manoel de Barros fala de "padecimento de lonjuras", de "doença transmissível", doença de "muitas pessoas", como se quisesse indicar a inevitável condição saudosa do ser humano. Fala da saudade do "que não fui" como se de repente se abrisse em nós um leque imenso de possibilidades não realizadas, experimentadas como vazio. Estas não modificam em nada o passado, mas se abrem em memória poética capaz de recriar o presente, capaz de me inventar hoje, do jeito que eu quero e gosto. Ou ainda, capaz de deixar na boca o gosto amargo do fel da decepção ou da desilusão.

Há muito encantamento, magia, tristeza e poesia construída em torno dessa palavra e das diferentes experiências nela contidas. É palavra de muitos sentidos e direções. Esconde, desvenda, inventa, recria histórias de situações vividas e imaginadas. Por trás dela há mundos conhecidos e desconhecidos. Por isso, podemos dizer que ela se mistura às coisas passadas, alegres e tristes, e às emoções, confessadas e inconfessadas.

Pensar sobre a saudade revela algo a mais sobre nossa enigmática condição humana e nos convida a viver e pensar algo além da repetição rotineira dessa palavra, presente em tantas canções, poemas, textos literários e em nossa linguagem corrente. Entretanto, é preciso admitir que refletir sobre a saudade quebra, em parte, sua magia, porque seu corpo é, de certa forma, um corpo cujo acesso não pode ser expresso com clareza por meio de ideias ou raciocínios precisos.

A saudade não é objeto da razão pura. É emoção e, embora precise de palavras, de analogias e da linguagem do corpo para expressar-se, tem com o auxílio delas uma expressão pálida e imprecisa. Mostra-se por meio de analogias poéticas ou de narrativas muitas vezes modificadas em relação ao irrecuperável acontecido. Por isso é apenas dentro de limites, de aproximações, de algumas hipóteses interpretativas que podemos dizer algo sobre a saudade.

Reconhecemos dois grandes modos de viver a saudade, com suas mais variadas nuances e formas. Um deles é o modo nostálgico, em que o sujeito saudoso tem esperança de ver eliminada sua saudade, isto é, tem esperança de ter a ausência saudosa presente. Elimina-se provisoriamente a saudade pela presença. Nesse modo se inclui, algumas vezes, a saudade como simples lembrança dos bons tempos vividos.

Outro é o modo desesperado da saudade, modo que até poderíamos chamar de "má saudade" ou "saudade enferma". É a saudade sem esperança de remissão ou de saciedade, sem possibilidade da visão do amado ou do abraço esperado. É a saudade doente, capaz de destruir o sujeito por dentro, arrancando-lhe a força de vida.

Sem dúvida, as emoções vividas nesses dois grandes modos de expressão saudosa se tocam e se distinguem ao mesmo tempo. Por essa razão, é preciso falar deles de forma distinta, embora não absolutamente separada; os distinguíamos para tentar compreender algo da complexidade das coisas que acontecem em nós, para captar algo de nossas paradoxais emoções. Esse é o momento reflexivo em que a saudade se torna, de certa forma, objeto de conhecimento, momento em que seu tempo de intensidade se esvanece para que possa tornar-se tempo de lembrança, exposto às diversas interpretações e valorizações.

Além disso, é preciso distinguir os saudosos dos saudosistas, embora também aqui a distinção não se revista de clareza cristalina. Podemos dizer que os saudosos vivem a inevitável condição humana saudosa, ou seja, as ausências passadas e desejadas sempre de novo. Os saudosistas, por sua vez, são os que emocionalmente elegem algumas experiências passadas como as referências mais importantes de sua vida. Padecem dos condicionamentos do presente e veem na imaginária e emocional repetição do passado a forma de apaziguar seu mal-estar existencial.

O TEMPO E A SAUDADE

É preciso ter vivido para sentir saudades. Sem um lastro de história não dá para, de fato, expressar a saudade, para identificar seu conteúdo, para contornar a extensão de seu alcance ou de sua lonjura. Em geral, são os adultos e, entre eles, os velhos, os que mais sentem e mais falam da saudade. E isso pelo simples fato de que têm um passado maior vivido, e esse dado da experiência acumulada pode ocasionar tal sentimento com mais frequência.

Os habitantes dos países lusófonos têm, às vezes, a pretensão de serem os únicos a possuir a palavra saudade.

Mas o fato é que, para além do vocábulo, a saudade é, como já foi explicitado anteriormente, própria do ser humano. Revela-se como emoção por meio de diferentes narrativas, palavras e expressões presentes nas distintas culturas.

Essa nota mais ou menos universalista da saudade nos aproxima de algo que pertence à nossa própria constituição ontológica. Nessa linha, creio que o importante é tentar captar a experiência que corresponde à palavra saudade e apreender a diversidade de linguagens particulares que ela pode conter. A pergunta sobre os meios de identificar o "isto" que chamamos de saudade tem uma multiplicidade de respostas.

A poesia e a música, especialmente a música popular brasileira, expressaram a saudade como palavra doce e amarga, como palavra triste que faz lembrar perdas e como palavra alegre que nos lança à necessidade da presença de alguém que se ama e que está longe. Igualmente, a reprodução de danças e festas tradicionais de uma ou outra cultura traz de volta tempos passados capazes de evocar intensas vivências. Esses sentimentos atribuídos à saudade já indicam que ela é do universo das emoções, e, portanto, da ordem das subjetividades situadas e datadas.

Sendo assim, só podemos falar dela de forma aproximativa, analógica, simbólica e plural.

Se, de fato, é preciso ter vivido para sentir saudades, uma pergunta surge: será que sempre sentimos saudades quando os anos de vida já são muitos e quando a vida foi já intensamente vivida?

Muitas pessoas acreditam não sentir mais saudades, embora gostem de contar histórias de seu passado. Elas reconhecem não ter mais uma saudade precisa, uma ânsia de que tal pessoa ou tal fato voltem a ser vividos novamente. Embora tenham vivido muitos acontecimentos prazerosos e bonitos, dignos até de saudades, não os vivem mais como um passado nostálgico que queriam ver repetido. Parecem viver outros sentimentos.

Talvez sintam a falta de um afeto mais cálido, a falta de proximidade de novos amigos, de um sentido mais pleno para o momento presente, enfim, carências inevitáveis da vida. Mas, a esse conjunto de ausências definidas e indefinidas não chamam de saudade. No fundo há para essas pessoas a expectativa de que algo encantador, quase mágico, possa ainda acontecer e encher de alguma luz a agitada ou tranquila monotonia dos dias. Seria isso uma forma de saudade? Seria uma saudade projetada no futuro? Seria ainda um sonho ou o desejo de preencher vazios que habitam a alma?

Há outras pessoas que viveram um passado tão difícil e tão cheio de sofrimentos que a palavra saudade chega até a fazê-las sentir o que não gostariam. Por essa razão, categoricamente afirmam não sentir saudades de nada do que já passou. Insistem na absoluta importância do presente como o melhor tempo da vida e se recusam a fazer referências saudosas do passado.

Entretanto, as pessoas saudosistas, as apegadas ao passado, filtram, por razões mais ou menos desconhecidas, pedaços belos do passado, memórias embelezadas e passam a desejá-los de volta, como se eles contivessem uma qualidade de vida superior à monotonia ou ao limite do presente. E, nesse desejo de volta, os modificam para torná-los ainda mais belos e desejáveis.

De certa forma, retiram-os de sua circunstância passada, dos conflitos que certamente os envolveram e dos medos que os acompanharam, e os evacuam das culpas que talvez tenham provocado, dos olhares adversos que atraíram e que hoje parecem esquecidos. Transformam com frequência o objeto saudoso desejável e, quase o tornando diferente daquilo que de fato fora no passado, apegam-se a ele.

Assim, a saudade parece trazer de volta o passado modificado, transformado, embelezado, passado que serve de referência e alimento ao presente, quando no presente a fome de sentido e de afeto parece grassar. Mas, sabemos bem que a trama principal está na carência do presente, fantasiada de memória passada, vestida de saudade de algo que já aconteceu.

A saudade, nesse sentido, liga-se a um passado tópico imaginado, isto é, localizado, e ao mesmo tempo atópico, isto é, não localizado. É algo como uma mistura que se constitui de presente e passado, de maneira a produzir algo que se situa na memória bela ou na bela memória que existe em nós. O passado de que se tem saudade já é um passado modificado pelas necessidades do presente, pelos desejos insatisfeitos que se manifestam de mil e uma maneiras.

A saudade daquele momento preciso ou daquela fase da vida se torna, em certo sentido, quase uma "memória inventada". Como diz Manoel de Barros: "Inventei um menino levado da breca para me ser. Ele tinha um gosto elevado para o chão. De seu olhar vazava uma nobreza de árvore. Tinha desapetite para obedecer à arrumação das coisas."[4] O poeta reconhece nossa capacidade de inventarmos um passado de que gostamos e não nos sujeitarmos à arrumação comum das coisas, sobretudo das coisas ordinárias e talvez enfadonhas do presente.

Não é que esse comportamento seja um engano, mas é uma forma de valorizar algo que, de alguma maneira, nos é caro. No poema o passado narrado tem sabor, parece apetitoso, comovente. Por sua vez, o presente se apresenta arrumado de forma limitada, incapaz de excitar o apetite e a paixão pela vida. Por essa razão a saudade tem a ver com alguma carência do presente, com alguma dor atual, com uma doença do hoje, com o pedaço arrancado de mim que continua sangrando.

A saudade é como um buraco que se abre no meio das vivências cotidianas, uma ferida aberta, um "não sei quê" doloroso, belo e triste vivido nos estreitos limites do tempo presente. Pode transformar-se em uma espécie de antídoto à dor do momento, em uma quase produção

---

[4] Manoel de Barros, *Memórias inventadas, a terceira infância*. São Paulo: Planeta, 2008, s/p.

de beleza instantânea que enche de sentido e enlevo a pessoa saudosa. E essa saudade inventada ajuda a viver e carregar os pesados fardos do dia a dia.

O fato é que, se pudéssemos trazer de volta as coisas e as pessoas das quais sentimos saudade, provavelmente estas ficariam deslocadas no presente, deslocadas até em nossa própria história. Não teriam lugar adequado e não poderiam ser mais amadas como o são nos sonhos saudosos.

Por essa razão, costumamos dizer que uma parte de nós habita na saudade, isto é, num lugar da memória passada presente que não pode ser atualizado novamente. A partir dessa experiência, pode-se dizer que há uma saudade que ama na memória e compensa e preenche os vazios a partir de suas lembranças ou de suas "memórias inventadas". Ama o que se foi ou o que gostaria de modificar daquilo que se foi. Por isso o corpo dessa saudade é a magia que criamos em torno daquilo que se foi e do que imaginamos que fomos. É igualmente poesia saudosa, canção de sonho ou de exílio. Torna-nos semelhantes às crianças nos seus jogos inventados e fantasias.

Entretanto, estas criam no seu mundo fadas, magos e animais encantados capazes de torná-las felizes ou de fazer acontecer aquilo que gostariam. Fazem do brinquedo um parêntesis dentro da vida cotidiana, muitas vezes dura e violenta. Portanto, a diferença entre a saudade adulta e o mundo infantil é que, no mundo adulto, a saudade é uma ausência real de um passado, não um jogo inventado que se faz e desfaz num mesmo tempo.

Há um sofrimento quase contínuo, porque o esperado não pode tornar-se presença real tal qual é esperado. Vive-se a ausência com sua força e arrebatadora consistência. É, por isso, muitas vezes um estado da alma vazio de futuro e talvez até vazio de um presente significativo. Preenche-se com a idealização do que se foi ou com a poesia capaz de ouvir sons cheios de emoção nos recônditos mágicos do coração.

Na criança não há propriamente saudade, mas uma brincadeira em que a imaginação cria companhias de diferentes tipos e formas. A brincadeira começa e acaba no mesmo dia, embora possa ser reiniciada amanhã. A saudade começa na criança quando ela já penetrou mais no tempo de sua própria história.

Constatamos que, quando se tenta explicar para outras pessoas a saudade como sensação ou como memória, perdemo-nos em possíveis racionalizações. Ao torná-la objeto explicável esvaziamos dela a emoção, e a indescritível saudade passa a ser objeto narrativo, objeto de reflexão, de composição, de percurso intelectualizado. Seu tempo passa a ser outro naquele de quem reflete sobre ela. Por isso, quando queremos descrever a saudade, modificamos o sentimento que a constitui, a plenitude instantânea, o silêncio denso, o encantamento que a habita.

Diminuímos a intensidade da emoção, por exemplo, ao escrever sobre uma saudosa lembrança que nos assalta. De certa forma, até reduzimos a intensidade de sua força sobre nós para pensá-la como objeto de conhecimento. A saudade descrita já não é mais plenamente saudade. É objeto da razão reflexiva. Por isso, ao nomear a saudade, ao contá-la, acabamos perdendo inevitavelmente grande parte de sua emoção.

O processo de compreensão e explicação da saudade já é, de certa forma, um distanciamento e quase uma inevitável traição à saudade. O tempo da escrita ou da narração da saudade não é mais o tempo da emoção plena da saudade. Não é o tempo de sua irrupção nos recônditos da alma humana, mas é o tempo do discurso saudoso.

Minha saudade reduz o mundo a mim mesmo e condensa o tempo em meu tempo; o passado imenso torna-se quase do tamanho de minha percepção atual do mundo. Torno-me o ponto de vista, a perspectiva, a referência específica de minha narrativa pretérita. As recordações colam-se ao meu corpo. Ou meu corpo cola-se a elas. Falo delas como minhas experiências, como se eu fosse a heroína dos meus contos, a personagem mais importante de minhas narrações. Contando minhas experiências saudosas sou eu o mundo ou sou até maior do que o mundo. Inevitável condição! Não há como fugir da percepção do universo a partir de meu pequeno mundo e dos condicionamentos de meu tempo.

Como em qualquer emoção, o protagonismo é sempre meu. Em minha emoção, faço entrar todas as emoções do mundo, como se tivessem começado em mim e como se em mim tivessem tido um solo de crescimento absolutamente diferenciado de outros. Meu amor e minha saudade são só meus. E o tempo a que se referem é o meu tempo e o mundo inexoravelmente reduzido à minha percepção e à minha arrumação da realidade.

OS LIMITES DO SENTIMENTO SAUDOSO E A SAUDADE DE MIM

A partir dos condicionamentos de nosso tempo, experimentamos também os limites da memória saudosa. A mais doce carícia, recordada como palavra bela contida na memória, perdeu sua real emoção de carícia. A conversa mais íntima e profunda que outrora tivemos desaparece como conteúdo, e guarda apenas uma espécie de fotografia na qual os contornos nítidos desaparecem.

O abraço outrora cheio de vibrante emoção é recordado como um acontecimento intenso, mas já não é mais sentido como um palpitar das entranhas ou um arrepio da pele, ou uma atração irresistível e envolvente. Os cheiros da infância ou da juventude voltam à memória, talvez misturados a outros do presente sem que se consiga expressar sua intensidade de outrora ou precisar exatamente o seu perfume. Tudo o que é lembrado está como numa neblina espessa de uma manhã de inverno. A penumbra é quase exigida pela saudade. Dissipada a névoa, vão-se as lembranças do momento, vai-se o espaço da saudade. Volta, talvez, a monotonia do dia à espera dos outros dias ou o simples cotidiano com suas lidas.

Mas, como é mesmo sentir saudade?

As analogias não faltam na tentativa de expressar o conteúdo complexo dessa emoção. Na realidade, o objeto a partir do qual a saudade se constituiu é inacessível de forma direta. Poderíamos dizer que a saudade não tem substância própria, mas é emoção misturada à própria substância da vida. Precisamos dar voltas, entrar pela poesia, pelas canções, pelas imprecisas narrações da memória para detectá-la e, assim mesmo, apenas indiretamente. E, ao detectá-la, reduzimos sua intensidade passada aos limites do presente e ao nosso jeito de falar dela.

No fundo, como já disse de outras formas, a saudade expressa no presente o desejo de um passado projetado como presente ausente ou como futuro possível. Saudade de um tempo que se foi, de alguém que já morreu, de mim mesmo como fui, de um acontecimento cuja volta ou repetição é impossível. Essa é a forma mais comum da saudade.

Mas, no corpo da saudade habitam também presenças vividas momentaneamente como ausências repletas da emoção da espera. E estas se referem à saudade possível de ser saciada. Saudade saciada com a volta do amigo, da mulher amada, da vizinha de casa que se mudou, do filho perdido agora encontrado. Ou saudade como anúncio da saciedade próxima... "Já estou voltando"... "Venho matar a saudade". E essa saudade pode ser apagada de minha emoção quando o que espero finalmente chega.

Cada saudade é uma saudade. Intransferível e única como a vida. Cada saudade tem a ver com quem a sente. Por mais que tente entender o outro, não consigo sentir em mim sua saudade tal e qual. Ouço a narração com meus ouvidos, com meu corpo e com minha história. Sinto algo, sintonizo-me na emoção alheia. Torno-me solidária, compassiva, cúmplice na alegria e na tristeza.

Contudo, há em cada emoção saudosa algo único ligado ao sujeito que a vive e dela tenta falar. Cada saudade provém de uma história única e por isso mesmo é única.

Além dessa distância da saudade do outro, temos de confessar que, no fundo, cada saudade que nos toca é de certa forma também uma saudade de nós. Carlos Drummond de Andrade explicita bem essa forma de saudade no poema "Estrambote melancólico":[5]

> Tenho saudade de mim mesmo,
> saudade sob aparência de remorso,
> de tanto que não fui, a sós, a esmo,
> e de minha alta ausência ao meu redor.
> Tenho horror, tenho pena de mim mesmo
> e tenho muitos outros sentimentos,
> violentos. Mas se esquivam no meu inventário,
> e meu amor é triste como é vário,
> e sendo vário é um só. Tenho carinho
> por toda perda minha na corrente
> que de mortos a vivos me carreia
> e a mortos restitui o que era deles
> mas em mim se guardava. A estrela-d'alva
> penetra longamente seu espinho
> (e cinco espinhos são) na minha mão.[6]

---

[5] Estrambote é o soneto de mais de 14 versos.
[6] Carlos Drummond de Andrade, *Antologia poética,* p. 55.

A beleza poética desse estrambote desperta um sem-número de complexas emoções porque toca nossa história comum. Desperta em nós sentimentos mais ou menos semelhantes e mais ou menos vagos em relação aos do poeta.

O poema parece revelar que a saudade do outro se transfigura em saudade de mim, em não coincidência com a imagem que teria gostado de ter, em inexorável finitude do meu eu. A saudade se torna remorso de caminhos, sentimentos ou relações que poderiam ter sido diferentes. "Tenho carinho por toda perda minha", ou, talvez, tenho saudades de um ideal de mim mesma.

Essa saudade se aproxima de uma espécie de ética idealista ou de uma fundação idealizada do eu, a partir da qual o eu construído não corresponde ao eu idealizado ou à consciência afinada eticamente. Parece que vive em nós um desejo de um "outro" que não somos. Estamos em contínua não coincidência conosco, lamentando o leite derramado e o leite que nem chegamos a comprar. Parece, às vezes, que não há saídas no final da vida a não ser viver com a saudade do eu que não fui.

Nada mais se pode fazer a não ser continuar o infindo diálogo entre o eu e o eu mesmo como testemunha de uma história vivida que estende pontes entre o passado e o presente. Entretanto, paradoxalmente, o eu que não foi outras possibilidades sonhadas, agora tornadas saudade, pode torturar-se e até adoecer de escrúpulos ou, de uma forma mais amena, de saudade de si. Essa saudade pode ser também captada como condição humana afirmada pela consciência ética do poeta.

Não há como coincidir com seu sonho, não há como ser perfeito à imagem de seu sonho de perfeição ou de bondade. O filme da vida muitas vezes se constrói entre as breves escolhas possíveis, entre os riscos das ruelas escuras, em meio aos buracos e pedras do caminho. Às vezes não há como evitar os becos escuros e malcheirosos, embora se desejassem alamedas com árvores frondosas e crianças brincando felizes nos parques da cidade. Não há como mudar os caminhos que já foram andados. Muitas vezes nem se consegue sair dos que ainda estão sendo dados.

O estrambote melancólico de Drummond é uma espécie de lamento sobre a imperfeição da construção de nós mesmos como obra de nossas mãos ou das mãos da vida em nós ou da ação e reação dos outros sobre nós.

Poema da maturidade humana, quando a história permite ser olhada como um longo passado. Poema sobre a impossibilidade de refazer um outro passado, por isso se experimenta uma forma de remorso fantasiado de saudade.

Sou eu que me ponho a fantasia confeccionada por minhas mãos; sou eu que, saudoso do que não fui, sofro, gemo e faço versos a partir de mim mesmo. Para amainar a dureza do que já foi e do remorso que ficou, falo de saudade. Ela é até, talvez, uma forma de arrependimento de não ter realizado aquilo que, a partir de um discurso de racionalidade retroativa, deveria ter feito. Se arrependimento matasse, dizem alguns, já estaria morto. Mas, o arrependimento não reconstrói para trás, apenas abre brechas para seguir adiante com o risco de, mais uma vez, não conseguir viver o que se gostaria.

A saudade sob aparência de remorso, talvez mais remorso que saudade é um artifício de nosso psiquismo que, por um lado, confirma o desejo de que outros caminhos poderiam ter sido trilhados, mas ao mesmo tempo afirma que o que foi, de fato, já se foi. A saudade, como emoção aparentemente positiva, parece encobrir o remorso, irmão gêmeo da culpa de não ter sido o que se queria ser. Saudade ou remorso imaginário porque, na realidade, embora o sintamos no presente, ele traduz também sua inconsistência na impossibilidade total de apagar ou modificar, a partir do presente, a história do passado. Por isso há que dizer "saudade de quanto não fui" ou imaginação de que poderia ter sido outro, diferente do que fui.

Na mesma lógica saudosa está a "saudade de minha alta ausência ao meu redor" como se fosse possível a ubiquidade da presença ou a escolha lúcida dos lugares da presença. O poeta não esteve onde, depois de velho, teria gostado de estar. Mas esteve, sim, onde a vida e suas frágeis escolhas lhe permitiram que estivesse. É porque lá esteve, com alegrias, dores e tantas outras coisas, que as saudades brotaram e, com elas, pode criar arte e poesia. Perdura, entretanto, a "saudade como pena de mim mesmo", e carinho (ou saudade?) "por toda perda minha", como se na distância temporal se pudesse estar saudoso e, mais do que saudoso, pesaroso pelas perdas ou pelo que não se foi.

O poema de Carlos Drummond de Andrade é de uma impressionante agudeza psicológica e filosófica, uma abertura de portas e janelas dos recônditos da intimidade humana, das razões e das sem-razões de nossos passos e daquilo que havíamos considerado como escolhas conscientes. Ele nos confirma mais uma vez que a saudade é apenas saudade de mim projetada em fatos passados e em lembranças periodicamente modificadas pelo presente.

Não podemos fugir do fato de que cada um é o centro de sua saudade e esta nada mais é do que a narração de pedaços da vida. Cada um tem saudade a partir de sua própria história, de sua história real ou imaginada.

Outra variação da saudade é a que se manifesta como solidão radical, ou seja, a saudade daqueles que parecem não ter histórias para contar e delas sentir vontade de afetiva recordação.

No extraordinário romance *Todos os nomes*, de José Saramago[7], o autor nos apresenta um esquisito personagem aparentemente sem história e simplesmente chamado José. Escriturário da Conservatória Geral do Registro Civil, constrói para si uma história cheia de aventuras em torno de uma desconhecida mulher morta, descoberta depois como suicida.

---

[7] José Saramago, *Todos os nomes*. São Paulo: Companhia das Letras, 2007.

A partir de uma ficha encontrada na Conservatória, sai do tédio de sua existência inventando razões para viver. Parte ao encalço de todas as informações sobre ela com a sofreguidão de um amante apaixonado em busca de sua amada. Tímido e temeroso, enche-se de coragem para se aventurar nas mais difíceis situações, lutando contra qualquer bom senso. Como um caçador de sentidos, sai à procura de dados sobre a vida dessa mulher, numa impressionante aventura cheia de angústias e sofrimentos, na qual a mistura entre vivos e mortos testemunha a impossibilidade de ruptura entre eles.

A morte se impõe à vida e a vida se impõe à morte, como se uma não pudesse existir sem a outra. O sr. José, do qual só se conhece a grande solidão de escriturário vivendo ao lado da Conservatória, inventa para si razões e sentidos imaginários, hipóteses e alucinações sobre os vivos e os mortos.

Cria como D. Quixote sua Dulcineia, embora a sua seja sem nome; vence moinhos de vento e tempestades para tentar chegar até ela, ainda que morta, mesmo no cemitério, mesmo em sua antiga casa obscura e com cheiro de ausência. Revela-nos a heroica aventura de tentar vencer a solidão, criando para si mesmo uma história na qual inscreve razões de vida para além da monotonia do trabalho cotidiano.

A vida do sr. José não é uma exceção em relação às vidas comuns como poderíamos pensar, mas é uma parábola sobre a condição humana. Somos necessitados de laços que nos unam uns aos outros; somos atraídos por sentidos, vivemos saudosos de histórias que toquem nossas entranhas e quando não as temos as inventamos. Tecemos então para nós mesmos histórias invisíveis onde aparentemente não havia história para nós. Acreditamos nelas e elas nos sustentam e amparam como redes invisíveis. Inventamos laços tênues de relação com outros porque deles necessitamos.

Lá onde o corpo vivo não está, inventamos lembranças, ouvimos o silêncio das ausências e contamos histórias inventadas misturadas à nossa própria história. A morte dá razões para viver e para recomeçar o dia como se uma grande tarefa só nossa nos estivesse esperando. Não será isso uma variação da saudade, dessa obscura e profunda conexão com a necessidade de sentido que nos habita a todos?

Falando de criação de sentidos, veio-me à lembrança um belíssimo texto de Manoel de Barros:

> Eu tinha vontade de fazer como os dois homens que vi sentados na terra escovando osso. No começo achei que aqueles homens não batiam bem. Porque ficavam sentados o dia inteiro escovando osso. Depois aprendi que aqueles homens eram arqueólogos. E que eles faziam o serviço de escovar osso por amor. E que eles queriam encontrar nos ossos vestígios de antigas civilizações que estariam enterrados por séculos naquele chão. Logo pensei de escovar palavras. Porque eu havia lido que as palavras eram conchas de clamores antigos. Eu queria ir atrás dos clamores antigos que estariam guardados dentro das palavras".[8]

Pois é, a arqueologia nasce de uma saudade, da busca de vestígios de que fomos mais além de nossa história imediata. Curiosidade das origens e mais uma parábola sobre nossa vida e nossa morte. Trazemos para a vida o que já morreu e o que morreu nos permite viver e prolongar a vida de alguma maneira. O que morreu continua sempre vivo "misturado ao arquivo dos vivos e dos mortos",

---
[8] Manoel de Barros, *Memórias inventada, a infância*. São Paulo: Planeta, 2004.

como pensava o Conservador Chefe do arquivo em que o sr. José trabalhava. No fundo, a saudade tem a ver com tudo o que vivemos e inventamos para ocupar a solidão de nossos dias, para além das ocupações e preocupações ordinárias.

SAUDADE, MEMÓRIA E IMAGINAÇÃO
IV

Muitos pensadores, desde a Antiguidade, debruçaram-se sobre a memória, a imaginação e outras faculdades para entendê-las no conjunto da vida humana. A saudade não fez parte do privilégio de uma reflexão mais sistemática por não ser exatamente uma faculdade. Entrou de forma indireta na reflexão filosófica ocidental e, em seguida, alguns autores, sobretudo portugueses e espanhóis, lhe dedicaram obras de valor.[9] O que nos interessa, para

---

[9] Antonio Braz Teixeira, *A filosofia da saudade.* Lisboa: Quid Novi, 2006.

além de reconhecer a importância da reflexão sobre a saudade no mundo ibérico, é mostrar a conjunção entre memória e imaginação em relação à saudade. Esta se afirma como emoção ligada a um possível evento passado, no qual ambas as faculdades se aliam na sua construção e expressão temporal.

Gostaria de propor um caminho para descobrir o que acontece em nós quando dizemos que experimentamos a saudade ou vivemos uma saudade. Esse caminho parece se aproximar de uma tentativa de captar, por meio de caminhos não saudosos, o corpo da saudade. É como se tentássemos nos aproximar de algo difícil de ser pensado de forma direta e, por isso, somos obrigados a fazer apelo a diversas aproximações e artifícios. É uma tentativa de pensar uma fenomenologia da saudade por meio de suas múltiplas manifestações.

É no esforço de entender essa experiência tão rica de emoções que podemos perceber sua íntima relação com a memória e a imaginação. A conjunção de experiências provindas de ambas permite o surgimento da saudade ou de emoções saudosas dos mais diferentes tipos e intensidades.

Assim, falar de memória e imaginação, quando o assunto é a saudade, é simplesmente mostrar que a saudade refere-se a algo vivido e de certa forma gravado seletivamente na memória e a algo inventado ou modificado em relação àquilo que foi vivido no passado. E a cada expressão ou a cada nova partilha de nossa saudade parece que aprimoramos mais os pontos que, por diferentes razões, nos fazem bem ressaltar. É como se nos reinventássemos a cada narrativa.

Como diz Manoel de Barros, "Tudo o que não invento é falso".[10] No momento em que a saudade é vivida como sentimento saudoso, como recordação afetiva de algo ou de alguém, esta se mistura à imaginação e transforma-se por meio de mil e um desdobramentos e condicionamentos provindos da realidade pessoal dos saudosos. Lembrar, imaginar, esquecer, selecionar acontecimentos, arrumá-los sempre de novo na memória entram no complexo processo da saudade.

A imaginação não se apresenta apenas em relação ao presente ou ao futuro, mas se afirma igualmente em relação ao

---

[10] Manoel de Barros, *Memórias inventadas, terceira infância*. São Paulo: Ed. Planeta, 2008.

passado. Ela recria o passado e é capaz de transformá-lo e modelá-lo segundo a subjetividade presente, embora fale dele como se fosse passado. No fundo, a imaginação tende a preencher os esquecimentos, as falhas da memória ou mesmo a modificar as coisas consideradas menos nobres ou menos belas. E mais, reafirma às vezes mentiras tornadas verdades, heroísmos que não passaram de pequenas astúcias e tantas outras coisas que compõem uma existência passada.

Dessa forma, ela recria a realidade passada a partir das novas exigências da subjetividade pessoal. Cria heróis e heroínas onde antes era a vida de simples mortais buscando a sobrevivência. Por isso, a imaginação ajuda a memória na narração do passado e a memória, por seus inevitáveis vazios, torna-se base para a irrupção contínua da imaginação.

A interferência da imaginação pode ser constatada quando a narrativa saudosa é repetida muitas vezes ou quando duas pessoas descrevem o mesmo acontecimento ou uma mesma relação saudosa. Não só a intensidade emocional é diferente, mas também a própria descrição do objeto da saudade, dos fatos em torno dele, das cores e sabores que o envolvem.

Assim, nessa experiência, o objeto saudoso é trazido à consciência emocional não apenas como algo do passado, mas algo transformado em saudade pessoal, em emoção atualizada misturada ao presente e às necessidades e questões do presente. Quem narra o fato é o dono de sua história e de sua memória. Como diz o sr. Eulálio Assumpção, personagem do romance *Leite derramado*, de Chico Buarque:

> A memória é deveras um pandemônio, mas está tudo lá dentro, depois de fuçar um pouco o dono é capaz de encontrar todas as coisas. Não pode é alguém de fora se intrometer, como a empregada que remove a papelada para espanar o escritório. Ou como a filha que pretende dispor minha memória na ordem dela, cronológica, alfabética, ou por assunto.[11]

Não há como estabelecer uma objetividade pura à memória; não há ordem cronológica ou alfabética. Não há precisão matemática. Paul Ricoeur já dizia que a memória é "uma província da imaginação".[12] E a imaginação

---
[11] Chico Buarque, *Leite derramado*, São Paulo: Companhia das Letras, 2009, p. 41.
[12] Paul Ricoeur, *La mémoire, l'histoire, l'oubli*. Paris: Seuil, 2000, p.5.

nos abre para uma imensa criatividade no interior de nosso próprio mundo.

Nessa mesma direção, pode-se dizer que a saudade também não é memória pura, nem memória histórica e cronologicamente precisa. Tem cronologia pessoal instantânea, transformada a cada momento em que ela advém à consciência como nova narrativa. Renova-se entrando na dinâmica do presente, muito embora tenhamos a impressão de que se trate de um mesmo fato passado recordado e que, por conseguinte, a saudade se refira objetivamente a ele.

Não captamos de imediato a transformação da saudade por meio da transformação de nosso cotidiano ou das aventuras de nossa imaginação. Não percebemos que o objeto saudoso se mistura ao desejo do presente, fala dele contando o passado e, o atualiza e o atualiza de certa maneira numa multiplicidade de nuances e combinações. Talvez haja um núcleo ou um ponto nevrálgico que, de fato, seja o mesmo, mas o que se percebe são os muitos bordados em torno de um acontecimento

Em torno dele acrescentamos ou apagamos sempre novas sensações e até pequenos episódios que se agregam às narrações como se nas narrações anteriores os tivéssemos esquecido. Damos novas versões aos fatos e à nossa saudade. Dessa forma, não se trata de um processo estático, como poderia parecer à primeira vista, mas é fruto de uma memória corporal viva que mistura o passado ao processo cotidiano da existência capaz de recriar o passado através da imaginação presente. Por isso personagens como Buda, Jesus e outros podem ter muitas histórias imaginárias para além de suas histórias individuais.

A emoção da saudade é sentida hoje e o hoje é carregado de sua mutável circunstância passada e presente. E a circunstância mutável faz variar a intensidade da emoção da saudade. Mesmo quando a saudade é escrita como texto, ela guarda sempre em si a necessidade de interpretação, e esta já a introduz na memória e na imaginação em relação ao texto.

A cada leitura, o texto saudoso revela uma faceta do conteúdo de sua saudade. E o revela também com a interferência e a interpretação do leitor, que imprime à saudade alheia sua própria emoção saudosa. O mundo do poeta e o mundo do leitor da poesia parecem por um instante se encontrar num inefável momento de empatia mútua.

A saudade também não é imaginação pura, como se nela inventássemos uma realidade e nos tornássemos saudosos dela. Ancorada em nossa história, em nossos desejos, carências e sonhos presentes, apresenta-se sempre misturada à nossa circunstância. E, por isso, nossa história é uma contínua e renovada interpretação de nós mesmos e do mundo no qual vivemos.

Cada vez que nos contamos, nos contamos de forma diferente, embora sejamos nós os mesmos narradores. Cada narração é uma interpretação. Tudo depende do momento e das pessoas que ouvem a história de nossa saudade. Há algo que permanece e há algo que está sempre em transformação em tudo, sobretudo na narração dos processos saudosos.

As marcas guardadas na memória em forma de experiências passadas são apenas algumas pegadas de uma história pessoalmente significativa, à qual se tem acesso pela lembrança e pela imaginação. Não são formas de conhecimento organizado, como se nos lembrássemos de uma aula de História ou Geografia e fôssemos capazes de repeti-las de cor.

Trata-se de uma lembrança de afetos subjetivamente selecionados e localizados em acontecimentos passados, que irrompem no hoje de cada sujeito e, irrompendo no hoje, este as colore com suas próprias tintas e emoções, renovando as possibilidades interpretativas do objeto/sujeito saudoso. É uma história viva, móvel e mutável, cuja verdade se mistura à complexidade da invenção diária de nós mesmos. Somos os mesmos de ontem, mas também um pouco diferentes.

Por isso não temos sempre e exatamente a mesma saudade, mesmo quando vivemos situações semelhantes e ansiamos por valores e emoções semelhantes. Aquilo que se pode detectar a partir da reflexão como uma constante nesse complexo processo são apenas a imprevisibilidade e as mutações vividas no presente. A isso chamamos de constância do imprevisível ao qual estamos cotidianamente expostos com todas as nossas vivências, emoções e formas de conhecimento.

É através dessa dinâmica que nos constitui que a saudade privilegia alguns acontecimentos, algumas situações, alguns momentos e algumas pessoas. É extremamente seletiva. Não narra uma história em forma cronológica, com a precisão de um historiador ou de alguém que se lembra de um verso aprendido na infância. Ela é saudade de instantâneos, de quase fotografias em sépia, de instantes de afeto querendo a volta da emoção, das presenças ausentes, dos sabores que ainda habitam a subjetividade em instantes imprevisíveis e fugidios.

A saudade é direcionada a rostos transformados em aparições discretas que vão e voltam, lembrando talvez encontros passados agora distantes ou idealizados. Por isso mesmo, podem tornar-se fonte de nutrientes do coração ou retalhos de alguma dor mortal que ainda aflige o corpo, como as crises agudas de uma enfermidade crônica. Irrompe como um suspiro em meio à vida corrente, como se quisesse introduzir no cotidiano um dado qualitativamente diferente tanto do ponto de vista estético como do ponto de vista ético. Ou aparece como um arrepio, um mal-estar súbito, uma tristeza de existir, um estado nostálgico da alma, um sentimento oceânico quase indescritível.

Por essa razão, os poetas e literatos lembram a capacidade da saudade de provocar dores mortais. Ao mesmo tempo em que se reconhece sua beleza como sinal de uma dádiva do passado prolongada no presente, se reconhece sua força emocional destrutiva. Afirma-se, dessa forma, o caráter ambivalente e paradoxal da saudade.

A saudade mistura-se ao tempo presente como se quisesse introduzir nele algo de novo no espaço da convivência cotidiana. Vem e, muitas vezes, insiste em ficar, como se o instante de sua presença fosse o de uma eternidade fugidia, de um sabor doce-amargo que invade a boca ou de uma tênue luz que introduz pontos luminosos numa sentida escuridão psicológica, ou em outros estados sombrios da alma.

Evocações de lugares, pessoas e tempos vividos, provindos de uma esfera não reflexiva de nosso corpo, como se houvesse em nós uma faculdade que guardasse algo temporal e quase simultaneamente sem tempo e sem lugar precisos e por meio da qual coisas importantes e preciosas têm de repente a força de irromper. Suspiros, lágrimas, vibrações físicas, estremecimentos, sorrisos solitários delineiam-se nos muitos rostos indicando histórias de emoções íntimas passadas e presentes.

Memória e imaginação não produzem a saudade, apenas se aliam e permitem sua irrupção. Elas não são sua origem, mas apenas faculdades por meio das quais conseguimos captar sua misteriosa presença em nós. É como se fossem o fio de Ariadne, que no interior do labirinto da vida estende uma linha ora tênue, ora mais grossa, para permitir que as coisas consideradas importantes não se percam na escuridão do passado. A linha nos permite ir do presente ao passado e retornar como se fôssemos uma aranha refazendo a teia de nossa própria história.

Por isso se pode até dizer que a saudade não tem uma razão ou muitas razões, não tem uma ou muitas causas. Ela apenas é em nós. Somos saudade ou tornamo-nos saudade. Reconhecemo-nos como saudosos ou como aspirantes à saudade. A saudade é nossa memória, nossa imaginação, nossa história, nossa arte, nossa religião, parte de nossa ciência e, finalmente, nosso próprio corpo.

A PARADOXAL ECLOSÃO DA SAUDADE

Somos animais saudosos ou, como dizia Cecília Meireles: "a vida é uma constante saudade".

Há algo em nossa evolução vital que nos preparou para a saudade. Saudade aqui entendida não apenas como uma fixação nostálgica em pontos específicos do passado individual, mas como uma espécie de sentimento do mundo em nós.

Sentir o mundo no registro da saudade é mais do que uma volta ao passado, é mais do que almejar a restauração de um fato preciso. É estar na vida de forma completa e incompleta ao mesmo tempo. É ter às vezes a sensação de estar aqui, mas ao mesmo tempo de ter vindo de longe, de carregar em si mesmo muitas histórias. É captar a vida na sua sequência instável e transitória e sentir-se parte dela no pequeno espaço e tempo que é o nosso. É acolher a finitude que nos caracteriza e suas consequências inevitáveis.

Significa também estar aí exposto a algo mais do que minha vida individual, viver relações e sentimentos solitários e solidários para além do presente imediato. Sentir-se parte de uma emoção que misteriosamente atravessa gerações e a qual sentimos que, de certa forma, continuamos a reproduzir, de diferentes maneiras, como algo constitutivo de nossa existência.

Mesmo os que dizem não ter tempo para sentir saudades e mesmo não ter de forma alguma saudades são, muitas vezes, atravessados por esse sentimento do mundo. É como se, de repente, por razões diversas, intuíssemos algo indizível, inefável, que provoca o surgimento de um sentimento mais ou menos vago, próximo da nostalgia e que denominamos saudade.

Saudade de algo sem saber do quê. Saudade como um vazio necessitado de preenchimento, embora tenha de continuar sempre vazio. Saudade que se abre como um oco em nossa existência, ou como uma espécie de abismo que nos habita, proveniente ao mesmo tempo de nós mesmos e de algo fora de nós. Saudade como um desejo de mudança e como consentimento a essa inevitável e admirável condição humana. Saudade como uma espécie de tristeza sem objeto preciso, sempre à nossa espreita ou como tênue e quase indizível ameaça ao nosso cotidiano.

Além dessa saudade provinda de nossa evolução antropológica, de nossas profundezas conhecidas e desconhecidas, além das saudades pessoais que caracterizam a nossa história individual, muita coisa fora de nós pode ser motivo para a eclosão da saudade. A provocação de fora faz eco dentro de nós. E eclodimos ao som de um sino longínquo, de algumas badaladas que acordam inefáveis sentimentos.

Tudo pode despertar em nós longínquos sentimentos. Às vezes uma bela pintura, uma música, uma conversa íntima, uma pessoa distante, um filme, um livro, uma música, um cheiro especial permitem que lembranças afetivas venham à consciência. Fazem jorrar sentimentos inesperados, desatam emoções, instalam calor ou frio interior para além de qualquer meteorologia.

Às vezes a solidão vivida e sentida torna-se igualmente o fio condutor da saudade, acrescentando-se a um sem-número de outras situações. Sua aparição tem muitas origens, embora pareça igualmente indicar a presença de um complexo poço originário comum. Dele, na verdade, pouco se pode falar de forma científica, embora tenhamos fugidias intuições.

Alguns místicos falaram da saudade de Deus como se o tivessem conhecido e esquecido seu semblante. Então a vida espiritual seria essa espécie de busca constante do convívio originário com o divino. Alguns pensadores falaram da saudade como saudade uterina. Não que o útero tivesse sido para todas as pessoas o lugar da suprema felicidade ou da harmonia perfeita.

Entretanto, o útero como lugar do começo, do aconchego primordial ou do desenvolvimento inicial da vida é o lugar de nossos primórdios, de nossa constituição e criação biológica e psíquica. De forma que todas as saudades, nessa perspectiva, seriam uma expressão ou pequenos instantâneos de uma saudade mais primitiva, a saudade das águas, do calor, dos sons indecifráveis, do imaginado ou do sentido aconchego primeiro. Ou seria até saudade de uma espécie de vazio primitivo continuamente presente em nós. É ele que está na origem de nosso insaciável desejo de plenitude e, por isso mesmo, de nossas saudades.

Nessa direção, é interessante notar que muitos poemas e versos populares falam da "saudade da mãe" como se essa saudade precisa se ligasse ao sentimento impreciso da saudade originária. Não se fala muito da saudade do pai, da nostalgia do colo paterno. Aqui é preciso calar.

Mais uma vez, apenas podemos constatar ou, mais precisamente, intuir por meio da descrição de algumas experiências que há algo desse começo que nos escapa, e é justamente neste algo que nos escapa que residem as nossas emoções e as origens ontológicas de nossa possibilidade de ter saudades. É desse vazio saudoso que nascem igualmente muitas criações artísticas. É dele que provém a poesia saudosa capaz de transformar a "mortalha do amor", "o cativeiro da saudade" ou "a saudade da infância" em arte literária e poética.

A saudade surge como o instante plural do não esquecimento, como aquilo que resistiu a ele, como aquilo que se salvou da inexorável gastura imposta pelo tempo que nos atravessa constantemente. Saudade como memória afetiva agradável ou dolorosa, experiência de uma ausência que outrora fora presença significativa ou plenitude puramente desejada.

Dessa forma, constatamos uma vez mais que entramos no complexo continente da saudade de diferentes maneiras e tropeçamos nela em cada momento significativo de nossa existência. E a vida, por meio de tudo isso, nos mostra sempre de novo a variedade de suas formas, de seus efeitos, de sua incomunicabilidade total, assim como a constituição antropológica reveladora de nossa finitude. A saudade é também contágio de saudades. Saudade vinda do outro, de mim mesmo, da poesia, do texto literário ou da música que pode ser ouvida uma ou muitas vezes.

A "saudade da Amélia" de Mário Lago ou "da professorinha" de Lamartine Babo provocam saudades que não são daquela mulher submissa e perfeita, cantada com tanta nostalgia, ou de uma professora individual, mas saudades difusas, confusas, alegres ou tristes que nos contagiam porque despertam nosso fundo comum. Saudades provocadas pelo ritmo das palavras, pela rima dos versos, pela musicalidade que de alguma forma toca zonas escondidas de nosso ser.

A saudade da "aurora da vida" ou "da Bahia" ou "da terra querida" ou "dos meus tempos de criança" podem igualmente provocar estados subjetivos de saudade. A emoção vivida raramente se refere ao conteúdo do canto ouvido. Na realidade, nos apropriamos dele, o transformamos em parte de nossa história e de nossa emoção. Por isso, muitas vezes a saudade cantada é capaz de fazer eclodir emoções que tocam os vazios desejos da alma, é capaz de revelar nossa incompletude e a fragilidade do instante vivido.

Alguns poemas de Carlos Drummond de Andrade, de Chico Buarque, de Cecília Meireles, de Manoel de Barros ou de outros poetas e poetisas têm a capacidade de provocar sentimentos de identidade entre o escrito ou a música e o pessoalmente vivido pelo leitor. Não é uma identidade com a literalidade do texto, mas com a emoção que ele provoca e com a capacidade evocativa e mobilizadora de recordações; uma espécie de reconhecimento do que foi vivido e expresso por meio de algumas palavras ou imagens de outros que assumo como minhas. Elas dizem o que não consigo expressar. Casam-se com meu sentimento provocando, dessa forma, a cumplicidade com a mesma saudade. Entramos nos estados da saudade conduzidos pela arte, pela música, pela poesia ou pela combinação de emoções e recordações.

Ouvindo a saudade alheia, algo se move em nossas entranhas a ponto de permitir que amemos a saudade alheia como se fosse algo nosso ou algo perdido de nossa história. Fazemos ato de reconhecimento mútuo dos lugares simbólicos da saudade. É como se a infância ou a juventude distante cantada pelo poeta fosse a nossa, é como se a beleza do mar, das terras distantes, fossem nossas saudosas conhecidas, é como se víssemos as folhas do coqueiro nos acenando um adeus, é como se conhecêssemos também uma Yolanda, uma Marina ou um Zé que deixaram marcas em nossa história.

A saudade dos outros nos aproxima de algo misterioso em nós mesmos, algo que de fato é uma parte escondida de nós, uma parte exilada e saudosa de nós mesmos. É como se um surdo lamento subisse à tona de nossa consciência emocional; é como se uma leve brisa tocasse nosso rosto e nos fizesse estremecer; é como se o arrepio de uma longínqua culpa ou um sentimento de algo inacabado irrompesse em nossa consciência sem conhecermos bem sua procedência.

A saudade é tecida de fios complexos e emaranhados, fios repetitivos, variações de um mesmo desenho ou de um mesmo bordado. Quando se puxa um se percebe sua intrincada relação com os muitos outros. Por isso, quando tentamos dizer algo sobre um fio, já aparecem os outros como para indicar a complexidade de sua constituição.

Não conseguimos nunca desvencilhar os múltiplos fios de seu novelo, nem desatar seus nós nem encontrar o início ou o fim da meada a partir de suas intrincadas voltas. E quando falamos dela ou escrevemos sobre ela, participamos do mesmo emaranhado, das mesmas repetidas considerações como se já não tivéssemos falado disso ou daquilo. Percebemo-nos no mesmo processo repetitivo da saudade, como se fosse um estribilho de uma mesma canção. O mesmo fio puxado é constituído de outros, é quase a variação de um mesmo tema, é expressão de uma mesma experiência que se abre em formas múltiplas, complexas e diversificadas.

A saudade não é só um vazio subjetivo nem uma simples memória ou recordação de algo. Guarda nela muitas coisas além da dose de positividade e negatividade. Por um lado, é sempre saudade de algo bom que valeu a pena guardar nos arquivos da memória. Por isso ela é parte de uma memória emocional, capaz de abrir um parêntesis de beleza e bondade na corrida do presente.

A saudade como lembrança de algo bom tem, dessa forma, um efeito particular positivo na interioridade. Lembra que voltou ao presente e se transformou em nutriente. Ficou como aquisição, como um ganho, como encontro bem sucedido, como prazer instantâneo digno de continuar morando na lembrança.

De um lado, a saudade transforma o vivido em valor com força de modificar simbolicamente algo no presente. Mas, do outro lado, está o polo negativo da saudade. Por isso, ao afirmar a positividade, não se pode esquecer o lado obscuro, aquele que escraviza a subjetividade ao sujeito/objeto perdido, que a torna cativa de um querer passado e a impede de buscar outras fontes vitais.

A extrema ligação ao passado pode tornar-se uma forma de escravidão ou ao menos uma submissão imaginária ao que já não é mais. Numa entrevista à revista *Bravo*, a atriz Fernanda Montenegro afirma:

> (...) prezo tudo o que realizei, mas o passado é o passado. Terminou. Não pretendo me entregar às divagações do tipo "ah, meus verdes vales" (...) e me pergunto, à semelhança de Simone de Beauvoir: "que espaço o passado reserva para minha liberdade hoje?"[13]

Essa é uma questão-chave para os que pensam a saudade. De fato, ela não deveria obscurecer os apelos do presente nem ser uma atadura aos desafios lançados pela liberdade e criatividade hoje. Mas ninguém escolhe de antemão suas emoções e ninguém cria sua futura saudade. Os imprevistos, o involuntário e a complexa história pessoal nos impedem de fazer previsões e de nos guiarmos pela moralidade ou pelo comportamento ideal. Isso confirma a estreita relação da saudade com todas as dimensões de nossa vida, e especialmente com seu caráter imprevisível.

O conceito saudade vai se expressando por meio de suas múltiplas eclosões e, ao mesmo tempo, se tornando

---

[13] Entrevista de Fernanda Montenegro a Armando Antenore. *"A vida é um demorado adeus"*, *Revista Bravo*. São Paulo: Ed. Abril, maio, 2009.

complexo na medida em que avançamos o olhar e sentimos em nossa pele as inúmeras dobraduras da palavra saudade. Ela vai fazendo sua história ou construindo seu corpo ao longo de nossa vida, até que de repente apreendemos algo sobre o que é sentir saudades. A palavra exige o vivido, o experimentado, o fluir para que se possa viver no presente algo do tempo especial outrora vivido.

Não há uma lógica precisa, uma teoria cognitiva que explique com precisão por que fixamos algumas coisas e nos esquecemos de outras. Não sabemos por que somos capazes de tecer rendas em torno de alguns pontos e deixar outros no sótão do esquecimento. A saudade simplesmente é em nós.

VI
A ESTÉTICA DA SAUDADE

Um dos muitos efeitos da saudade é provocar uma emoção que se avizinha da beleza que reconhecemos em nossa vida. Faz-nos recordar de algo belo que foi outrora vivido ou leva-nos a experimentar sentimentos que despertam lembranças prazerosas. Poemas, canções, crônicas, romances, encontros inusitados, pinturas são monumentos de beleza que podem fazer da saudade sua musa inspiradora. Basta que a provocação da beleza externa toque algumas cordas do coração para que um processo emocional seja desencadeado.

Por essa razão, pode-se dizer que a saudade cria beleza mesmo sendo esta um deleite efêmero, um instantâneo que vem e vai. Não se trata apenas da sensação de reconhecimento da beleza de um objeto, mas de algo parecido com uma experiência interior quase inefável. Trata-se de algo experimentado como belo de diferentes maneiras, que vão desde o reconhecimento da qualidade do caráter de alguém, da qualidade da alma ou da qualidade de relações, até obras de cunho artístico mais explícito. É nesse sentido que se pode falar da estética da saudade e afirmar que esta pode incluir diferentes experiências subjetivas de beleza.

A estética da saudade tem a ver com o reconhecimento de que somos seres que buscam beleza e somos capazes de criar beleza. E a beleza nos vem de muitos lugares, de muitas fontes, de muitas situações e até da saudade que vive em nós. A beleza nos toca e nos regenera, nos refaz e nos harmoniza, mesmo se por um pequeno lapso de tempo.

Uma situação, uma paisagem, um encontro, um odor agradável, um quadro podem ser revestidos de emoção e de beleza. Ela é esse deleite e atração gratuita que algumas coisas e situações são capazes de provocar em nós. Por isso, não é apenas uma obra de arte longamente trabalhada que é bela, algo bem mais instantâneo presente na vida cotidiana e que é capaz de mover-nos por dentro.

A beleza pode ser reconhecida em muitas coisas e situações que são parte do ordinário de nossa vida. Esse algo pode apossar-se de nós por um tempo e em seguida abandonar-nos. Pode provocar variadas sensações de gozo e prazer de difícil expressão. Por isso algumas pessoas podem exclamar: "vivi momentos de rara beleza!".

Não se trata de uma beleza objetiva, fixa, comprada e vendida. É acontecimento emocional subjetivo, frágil e intenso, fugidio talvez, mas, depois de guardado na memória do corpo, é capaz de irromper como saudade. A saudade vem do caráter extremamente passageiro, inconstante, gratuito da bela emoção. Sua beleza *co-move*, isto é, "move-nos com", sejam elas coisas ou situações particulares. É intensa e ao mesmo tempo flui rapidamente como um rio que corre rápido para o mar ou como uma brisa suave que de repente já não está mais.

Esse âmbito revela a trama da beleza dos encontros ou de certas experiências marcantes da vida. É como se por meio da saudade trouxéssemos de novo, em forma de imagens, aquele momento pessoal de grande ou de pequena beleza, e ele nos nutrisse de alguma forma.

O calor de um abraço, um encontro inesperado, um toque de mãos, uma paisagem inesquecível, um aroma particular, uma música ouvida em privilegiadas ocasiões. Ou aquelas flores que de repente nossos olhos distinguiram por entre as ruas cinzentas, ou aquela criança que, sem perceber os perigos, corre atrás de uma bola, ou aquele olhar que nos confundiu até as entranhas.

Inúmeras situações e experiências podem provocar e evocar belezas e saudades. Podem fixar-se como beleza e permitir evocações saudosas. Às vezes a memória não parece ter guardado nada de muito preciso, mas diante de uma situação objetiva e subjetiva julgada de grande beleza há algo qualitativamente diferente que é experimentado. Não sabemos expressá-lo, mas apenas senti-lo e nomeá-lo como algo parecido a uma longínqua saudade. É como se, por um instante, o tempo parasse e nos sentíssemos suspensos, seguros à vida por uma corda de tênues e ternas emoções. Depois o breve instante passa e voltamos à vida ordinária, ao cotidiano monótono ou agitado da vida.

Por meio da bela saudade resgatamos lembranças cuja materialidade real apenas se deu no interior de nós. Uma materialidade que não se repete como aquele abraço recebido no passado, como aquela lágrima derramada ou aquele mesmo vinho outrora saboreado.

A saudade traz para o presente a beleza que se acumulou em nós. E sua inesperada irrupção provoca enlevo, encantamento momentâneo, emoções indescritíveis. Nesse benfazejo processo, as lembranças saudosas são capazes de redimir por lapsos de tempo a solidão de seu vazio ou as múltiplas carências de suas urgentes necessidades.

A memória saudosa pode revelar, de forma mais ou menos instantânea, que houve um caminho, um caminho longo e belo, houve um encontro de olhares, uma troca de amores, uma criança em nossos braços, um sorriso de cumplicidade. A memória recorda as muitas partidas e as muitas cheganças. Por isso, mais uma vez a saudade é mais frequente nos velhos, nos desterrados, nos abandonados, nos amantes enamorados ou nos poetas, que sentem as dores e alegrias íntimas da humanidade. São eles e elas que captam de mais perto sua beleza e são capazes de entender a dimensão estética da saudade.

A saudade é obra de arte do tempo de hoje lembrando-se dos tempos de outrora. Constrói e reconstrói belas imagens, belos exemplos de vida, conta de novo a própria história como se quisesse, por meio do passado, resgatar o sentido que lhe escapa no presente. A saudade estética embeleza o passado vivido. Torna-o de novo dese-jável e anseia de novo a eclosão da beleza no presente.

Falar de estética da saudade não significa necessariamente falar de alegria. A beleza pode ser alegre e triste, ou simplesmente triste. A ausência do amado ou a perda de algo relevante, mesmo se temporal ou periódico, guarda sempre um toque de tristeza. A tristeza vem da incerteza de rever o amado de novo, ou da confirmada impossibilidade de revê-lo ou do efêmero dos bons momentos vividos. Por isso se canta a saudade como palavra triste, sobretudo quando se perde alguém que se ama. E esse canto triste é ao mesmo tempo um canto belo.

Por isso, a beleza saudosa guarda em si muitas e diferentes emoções e uma delas é a tristeza. Uma tristeza é bela porque é capaz de mover nossas entranhas para direções inesperadas. Porque é capaz de despertar a convivência dos vivos com os mortos, dos que já se foram com os que ainda estão.

A saudade bela volta também ao "naquele tempo", como se quisesse lembrar que hoje continuamos a construir um "naquele tempo" que será mais tarde lembrado por nós e talvez até por outros. O "naquele tempo" não tem mais importância do que o presente, mas dá ao presente uma dimensão simbólica particular, a da recordação da beleza como sinal de nossa saudosa constituição humana. Entrega ao presente o fio que o liga inexoravelmente ao passado e, com certeza, bem mais ao passado do que ao futuro. Mas é uma entrega sem cronologia precisa, irredutível a um modelo de beleza. Faz irromper apenas memórias belas como um renovado pôr de sol que adquire sempre de novo cores e matizes diferentes. No fundo são apenas representações de belezas experimentadas e recordadas como saudades.

A ÉTICA DA SAUDADE

Escrever sobre a dimensão ética da saudade parece algo estranho e quase incompreensível. Como poderia a saudade, emoção plural e dificilmente descritível de forma objetiva, afirmar-se como ética? Qual seria a relação entre ética e saudade? Que estranhas conexões haveria entre elas, sobretudo quando uma é emoção e a outra é do domínio da ação?

Tomo a palavra "ética" num sentido bastante comum, isto é, como se a pessoa saudosa se referisse ao tempo passado como o tempo em que usos, costumes e comportamentos fossem melhores ou mais respeitosos em relação à pessoa humana. Em outros termos, é como se a saudade encerrasse em si mesma algo de qualitativamente melhor do que o vivido no presente.

Na realidade, seria talvez mais correto dizer que essa atitude é de uma pessoa saudosista, ou seja, aquela que faz de sua saudade uma referência privilegiada para sua vida. Os saudosistas estão sempre a comparar o presente com o passado e afirmar o presente como o lugar onde a perversão dos costumes e a injustiça são maiores.

Por sua vez, o passado é o tempo ideal no qual se acredita ter vivido mais respeito e dignidade para com as pessoas. Não se trata apenas do seu tempo passado. Por um lado, de fato, referem-se ao tempo da infância, da juventude ou do passado dos ancestrais, que parece ser sempre um tempo qualitativamente melhor do que outros tempos.

Entretanto, sabemos bem que, como o passado é passado, é sempre possível reinventarmos esses tempos tornando-os moralmente melhores. Muitas afirmações não podem mais ser testadas, não há mais testemunhas vivas, apenas discursos, hipóteses e interpretações variadas.

E nelas a autoridade é de quem afirma o valor do passado no presente, é de quem afirma sua qualidade superior em relação ao que existe no presente.

A saudade ética é a saudade de um tempo em que se acreditava até que as pessoas eram melhores do que hoje. É como se a presente temporalidade na qual vive não fosse capaz de fornecer os elementos necessários para que o sujeito arrume seu mundo conforme seus desejos, ideais e valores.

A saída é apegar-se a um passado que se torna uma espécie de regulador e inspirador dos comportamentos hoje. Esse comportamento revela alguns limites da existência humana, entre eles a quase impossibilidade de reconhecer com certa objetividade as qualidades e o valor do presente. É como se o presente fosse demasia- damente pesado ou opressivo. Por isso, o retorno ao passado ou a aspiração a algo que se acredita ter existido no passado pode tornar-se inspiração e inclusive ser capaz de regular os comportamentos do presente.

Mesmo que esse ideal ou essa primitiva bondade que se acredita ter existido não seja explicitada em suas minúcias e não passe de uma apreciação puramente subjetiva, ela parece ser norteadora de comportamentos. A bondade da qual se tem saudades é com certeza uma bondade idealizada a partir dos limites do presente. É usada como parâmetro comparativo do que sucede hoje ou até como crítica dos costumes hodiernos, tornando-se referência comportamental para muitas situações. Pode se tornar um discurso saudoso moralista ou moralizante através de um imaginário construído.

Isso me permite dizer que refletimos sobre a ética da saudade de forma indireta. Por essa razão, o discurso ético saudoso ou mesmo ético saudosista contido em algumas formas de pensamento nem sempre aparece à primeira vista. Podemos, entretanto, captá-lo e interpretá-lo na sua expressão em relação a comportamentos e sentimentos que se deseja ver presentes no mundo atual.

Na realidade, o que ainda se quer hoje é formulado como se houvesse existido num tempo como forma de comportamento comum entre muitas pessoas. Ou ainda, como se o mundo passado estivesse mais próximo dos ideais e valores humanos que se buscam. E a saudade desse passado se torna um desejo renovado em vista de sua realização no presente, para além do objetivo imediato de muitos combates históricos, políticos e religiosos. É como se "o jardim das delícias", "a terra sem males", ou uma pretensa igualdade presente em alguns grupos sociais tivessem existido historicamente. Toma-se o mito de uma humanidade idealizada por realidade factual e espera-se a sua volta como um sentido ou uma esperança de vida. O que se espera para amanhã tem seu modelo no que se imagina ter acontecido ontem.

A saudade expressa, a partir dessa forma especial de manifestação, uma situação de estarmos separados de uma ética comportamental que gostaríamos de ter presente em nosso meio. Esta pode englobar muitas coisas, inclusive uma situação de justiça e equidade precisa, inspirada pelo passado ou por um conjunto de valores os quais se imagina terem sido vividos por nossos ancestrais.

Indiretamente se quer trazê-los de volta e propô-los hoje como ideais de vida. O futuro ético liga-se a um passado imaginado como ético. E assim, muitas pessoas o desejam de novo porque acreditam que os tempos modernos ou simplesmente os tempos atuais destruíram os ideais ditados pelos ancestrais ou pelas formas míticas de conceber o ser humano.

Desconfiam do que acontece no presente e não conseguem apreciá-lo, a não ser em relação à possível realização dos ideais do passado. Os discursos inflamados sobre o tempo bom já passado contrastam com as inúmeras críticas feitas ao presente. O hoje é quase sempre falho e necessitado de espelhar-se em ideais passados. Estes sim merecem ser restaurados, instaurados e cultuados.

Numa perspectiva religiosa, algumas pessoas creem que uma divindade teria já, desde o princípio da criação, estabelecido a ordem do mundo. Entretanto, como nós, humanos, a desordenamos por meio de nossa ambição e de nossas más ações, urge que nos ajustemos de novo a ela para restaurarmos a antiga harmonia e ordem primitivas.

Dessa revelação primordial apenas poucos chegaram a ter o conhecimento e, por isso mesmo, parecem acreditar que têm a responsabilidade de passá-la adiante. Julgam-se eleitos para uma missão especial.

A Bíblia, por exemplo, é tomada por muitos grupos religiosos como a referência ética máxima, a norma absoluta da revelação divina sobre a verdade do ser humano. Por meio da tradição oral, depois tornada escrita, foi conhecida e reconhecida como texto revelado por Deus.

Os adeptos insistem em anunciá-la como a verdade eterna sobre a humanidade e o mundo. Experimentam em relação a ela o dever de cumpri-la, um dever político e religioso cheio de emoções, súplicas e processos de conversão para que as pessoas a tornem sua norma de vida. E é justamente aí, nesse nível preciso, que se experimenta algo como uma saudade nostálgica, saudade de uma ordem perfeita que denomino de saudosismo ou saudade ética.

Ela se mostra no emaranhado de nossos desejos, crenças, utopias e comportamentos religiosos. Por meio dela se pode aspirar ao cumprimento da ordem preestabelecida e alegrar-se com a possibilidade de vê-la um dia realizada.

Há, talvez, até certo messianismo contido nessa saudade ética, como se o amado e esperado messias, o novo tempo ou a classe social redentora fossem a ordem natural ou a ordem divina a ser realizada. Ou ainda seria algo como a realização de uma vontade superior ou de um reinado de comunhão com algo originário que está aí para ser *des-ocultado* ou realizado.

Por essa razão, muitos afirmam reconhecer aqui e acolá a existência de pequenos sinais dessa ordem superior, pequenas sendas que indicam que, embora o caminho seja árduo, a humanidade chegará a abraçar sua vocação divina ou um estágio de reconciliação total consigo mesma. A lógica é a mesma da expectativa da realização da boa saudade, ou seja, da esperança de afinal poder unir-se aos ausentes, sejam eles pessoas ou ideais.

Aqui se trata de acreditar que o princípio fundador da ordem ética poderá tornar-se atual nos limites de nossa história presente. Coloca-se um limite para a História, determina-se sua finalidade e seu fim. Ou, muitas vezes, acredita-se firmemente que a utopia que esperamos ver enfim realizada está a caminho e que se pode até detectar sinais de sua próxima realização. Será, talvez, analogicamente, o final da saudade ética porque o esperado já estará presente e realizado.

Na saudade ética se esconde o desejo de unir-se a todas as coisas amáveis ou às coisas capazes de fazer avançar o bem nas relações humanas. O mal, em suas diferentes formas, precisa ser negado ou ultrapassado de alguma maneira. Há uma idealizada aposta no triunfo do bem e uma delimitação do que é o bem, como se este não tivesse seu próprio corpo na complexa mistura entre o bem e o mal que nos constituem. Há uma quase negação da condição humana, marcada pelas diferentes manifestações de nossa finitude. E esta atitude contém igualmente uma aposta no aperfeiçoamento ético da humanidade por meio de modelos preestabelecidos por teorias políticas ou por crenças religiosas. Revela-se assim a presença de uma filosofia da História a partir da qual o ser humano deverá submeter-se a uma ordem superior que irá manifestar-se, sob certas condições, na história dos vários grupos.

Muito embora, como sabemos, muitas utopias políticas ou religiosas não falem diretamente de saudade, manifestam, entretanto, a crença e a emoção correspondente a uma situação passada ou a um futuro que virá. Sua possível realização será a herança das novas gerações que poderão viver o que outros não viveram.

Apesar do sacrifício de muitos, que lutaram até a morte sem terem provado do fruto de suas esperanças, a mesma dinâmica continua como esperança ou como saudade do futuro. A maioria apenas as vivenciou como desejo ou como saudades de um futuro bom que, acredita-se, será um dia enfim realizado. Por meio dessa constatação podemos afirmar que a mesma estrutura ético-religiosa da saudade aparece também nas grandes utopias políticas do passado e do presente.

A esta altura da presente reflexão, provavelmente algumas pessoas se perguntarão, mais uma vez, por que estamos introduzindo no tema saudade dimensões como a ética, por exemplo, quando na sua acepção corrente todos esses aspectos parecem escapar-nos?

A resposta a essa inevitável e recidiva questão é que estamos expondo a saudade a uma reflexão a partir de diferentes pontos de vista e mostrando sua enorme variedade e complexidade. E, nesse trabalho reflexivo, estamos sendo confrontados a uma dinâmica de interpretações e de sentidos manifestos e latentes constitutivos de nossa saudade.

Sua aparente simplicidade poética revela a complexidade de seu corpo e de sua história plural. Da mesma forma, quando falamos do ódio e do amor ou da injustiça e da justiça, poderemos não apenas apreender sua busca em nossa história coletiva e individual, mas apreendê-los como processos complexos intimamente ligados a muitos outros.

O mesmo sucede quando buscamos entender algo da saudade como um processo emocional e cognitivo presente em nós. Ela é emoção, memória, imaginação, estética, ética, esperança, lembrança misturada à multiplicidade de sentimentos, virtudes e vícios que nos caracterizam. Ela é minha e é também nossa. Ela é de meus tempos de criança e é também de um sonhado mundo onde não existiam males e injustiças ou como nos muitos mitos sobre mundos perfeitos, que nos contaram e continuam contando.

A PSICOLOGIA DA SAUDADE

Depois de algumas pinceladas sobre a dimensão ética, a reflexão sobre a saudade nos leva a entrar um pouco mais nos labirintos do psiquismo humano. Essa entrada vai nos revelar coisas que à primeira vista não conseguimos captar. Por isso é que falamos da psicologia da saudade. Entretanto, essa reflexão, ela é apenas uma tentativa de expressar alguns mecanismos observáveis no comportamento saudoso.

Não se trata de um estudo de Psicologia profunda, o que seria, no caso deste livro, um contrassenso. O objetivo é de refletir sobre alguns comportamentos ligados à emoção da saudade, convidando-nos uma vez mais a perceber sua complexidade e algumas diferentes manifestações que podemos captar.

Quero tentar apreender algo mais ou menos comum em relação ao comportamento dos que sofrem saudades ou dos que vivem pautando sua vida em acontecimentos ou teorias do passado. São eles os mestres de um tipo particular de experiência.

Para eles, embora nem sempre o admitam, o passado, seu ou o alheio, é o tempo humano de maior importância e densidade. É do passado que provém sua segurança e inspiração. É nele que buscam autoridade e é dele que tiram seu aprendizado maior. O tempo que se foi ou o tempo de outrora é o tempo "mais que perfeito" que imaginam ter existido. Nessa perspectiva, podemos até dizer que foi dos excessos da evocação saudosa que nasceram os saudosistas.

Muitas vezes, até inadvertidamente, cultuam a saudade ou tomam as coisas do passado como se fosse o código ético de suas vidas. Por isso, dizemos que aqueles que acentuam em demasia o já desfrutado ou a qualidade da vida a partir do passado ou mesmo os ideais e teorias para o futuro, talvez sem perceber, deixam escapar as coisas boas do presente imediato, os instantâneos de beleza e justiça, as gotas únicas de prazer que emergem nos limites das relações cotidianas mais imediatas.

Chegam a viver o hoje como um enfado e um fardo, manifestando um quase contínuo descontentamento com tudo o que tenha a ver com o presente. O hoje é sempre criticado de alguma forma; o ontem, quase sempre perfeito, ou o amanhã à imagem do passado idealizado tornam-se sua quase obsessão.

O saudosista não é apenas aquele que se lembra do passado, mas que toma o passado como norma para o presente. Chega a desconfiar do presente e imagina um passado idealizado como se nele as contradições vividas estivessem quase ausentes. Ao passado se lhe retira muitas vezes os conflitos da vida, as contradições, os inevitáveis tropeços, a paradoxal mistura inerente às relações humanas. Tudo o que pode anuviar a beleza ou a verdade dos fatos passados relatados é inconscientemente deixado de lado porque não parece digno de recordação e da saudade. Ou, se não são deixados de lado, são transformados de maneira que se possa sempre tirar uma lição positiva para o presente.

De alguma maneira congelam certas emoções, acontecimentos, encontros, crenças, ideologias passadas e lhes dão um valor quase absoluto. Vasculham a beleza do passado, tiram o pó dos sótãos acumulados nos livros antigos, como se recusassem apreender a sabedoria e a beleza do presente. Fazem contínuas referências ao que eles disseram como se necessitassem de uma autoridade maior para confirmá-los. O passado belo que outrora fora presente é enrijecido e quase imposto à dinâmica criativa da vida atual.

Além disso, os saudosistas tendem a ter ídolos, considerando-os sua referência máxima ou seu único modelo de vida. Colecionam suas histórias, seus textos, se possível suas fotos como expressões de um apreço saudoso que os ajuda a viver. Os ídolos tornam-se seus apoios, suas muletas para atravessar os inóspitos caminhos do presente. Fazem contínuas referências ao que eles disseram como se necessitassem de uma autoridade maior para confirmá-los.

Nessa perspectiva, se poderiam incluir alguns intelectuais saudosistas, aqueles que têm saudades das teorias revolucionárias ou conservadoras de sua juventude. Continuam acreditando nelas como ciência perfeita ou como previsão científica passada, mas ainda a caminho de realização.

Nesse grupo de pessoas é necessário também incluir os religiosos dogmaticamente aficionados aos Livros Sagrados, pensando encontrar neles todas as respostas para os conflitos e problemas do presente. O Livro torna-se aquele algo imutável na grande mutabilidade da vida, aquele porto seguro no qual todo barco encontra um ancoradouro. Basta não desviar-se dele, basta que o tenhamos sempre como inspiração para nossos comportamentos, basta acreditar que contém as verdades de que necessitamos para viver.

Assim, a psicologia dos saudosistas revela a necessidade de fortes pontos de apoio no passado. Tanto os que tomam os Livros Sagrados como os que se apoiam em teorias políticas e filosóficas, ou ainda os que sempre falam das lições aprendidas na infância como realidades em si mesmas, revelam a necessidade de verdades seguras para continuar existindo.

A contínua mobilidade do tempo os perturba e confunde. Sem perceber, atribuem um valor supremo às coisas do passado, considerando-as como valores para além da história ordinária. As variações de espaços e tempos no presente são meras mutações ou insignificantes variáveis que na realidade não anulam as verdades contidas nas teorias revolucionárias ou nos ensinamentos religiosos. Nelas os adeptos pretendem encontrar não apenas inspiração, mas respostas seguras às questões do presente.

Nessa linha, o presente deve se submeter às orientações e normas encontradas nas referências de um passado idealizado. Sem perceberem, exigem que o presente se paute não apenas nos fatos, na ética e nos comportamentos passados, mas também às experiências de beleza passadas. Idealizam a vida de alguns personagens tornando-os acima da condição humana, para que dessa condição especial se transformem em deuses ou semideuses. Esse artifício da imaginação os torna os únicos seres capazes de tal reconhecimento, transformando-os em guias perfeitos para a humanidade.

Diante dessas afirmações, muitos dirão que esse comportamento não é propriamente saudade. Creio que é indiretamente uma forma de saudade mítica. É como se o passado histórico e imaginário se tornasse o único mito fundador do presente. E um mito fundador é um mito que deve ser repetido nas novas circunstâncias e contextos, como se fosse uma maneira de refundar a mesma história e recriar a mesma vida a partir do passado.

Toma-se o mito numa perspectiva mais ou menos estática e não como um símbolo que faria acordar em nós uma história comum, constantemente em processo de criação e de interpretação. Tomam-se, igualmente, o mito passado ou mesmo certas utopias não como expressões criativas da humanidade que precisam ser continuamente reinterpretadas, mas como revelações de deuses ou ideias de pessoas consideradas qualitativamente superiores e que, portanto, não podem ser mudadas.

Há nesse comportamento uma volta ao que se chama de origens ou raízes, ou fundamentos tradicionais, ou princípio natural, quer sejam eles culturais, religiosos ou políticos. Religiões, teorias políticas e ideologias não estão isentas de se transformarem em expressões mais ou menos fixas desse mito originário. A partir dele, a saudade é emoção em relação a um mundo reconhecido como perfeito que precisa ser reencontrado no final da História.

Mais uma vez, é como se a mobilidade e a evolução contínuas necessitassem de um ponto seguro, um ponto imutável que não fosse atingido pela incontida mutação do universo e dos seres humanos. Nessa linha, por exemplo, há uma tradição que acredita na volta de Jesus para julgar vivos e mortos, na volta do rei de Portugal dom Sebastião, no estabelecimento da sociedade comunista como foi descrita por Marx, no final da História e muitas outras crenças que se realizariam sem data prevista.

Pode-se dizer, mais uma vez, que isso não é saudade, mas projeção religiosa ou política de um futuro. De fato, à primeira vista trata-se de uma projeção, mas o fundo da projeção se encontra no futuro capaz de realizar o que se originou no passado. A estrutura psíquica que sustenta uma e outra experiência se assemelha.

Encontramo-nos na trilha de certas manifestações psíquicas de nosso desejo por um mundo querido e imaginado como perfeito. É uma projeção do passado ou de um momento histórico preciso do passado. Por essa razão, podemos dizer que esses comportamentos se avizinham da emoção da saudade, da nostalgia de um mundo perfeito ou da vontade de realizar uma utopia com contornos mais ou menos predeterminados.

Esses contornos, ao menos afirmados de forma segura por uma teoria dita científica, pela doutrina milenarista ou pelos mitos religiosos dariam segurança e funcionariam como apoio às lutas cotidianas. A coletividade teria uma referência de autoridade objetiva a partir da qual não poderia ou não deveria desviar-se.

Os diferentes grupos de adeptos teriam uma norma segura que os impediria de vagar por caminhos desviacionistas. Por isso, muitas dessas ideologias presentes em partidos políticos e religiões se transformaram em burocracias dogmáticas exercendo controle ideológico e doutrinário sobre a vida de seus fiéis adeptos.

Apenas o que foi revelado no passado ou afirmado como teoria científica pode ser capaz de orientar a história dos povos na direção da busca da justiça e, portanto, da felicidade almejada. Mais uma vez, trata-se aqui de uma referência passada ou, analogicamente, trata-se de uma saudade ou de uma nostalgia coletiva da qual os diferentes grupos poderiam participar.

Bastaria acolher o mito político ou religioso como verdade inquestionável, acolhê-lo como seu ideal, tentar reproduzi-lo sem pensar nos condicionamentos e no contexto específico que o viu nascer. Bastaria igualmente conhecer a teoria revolucionária, suas diferentes etapas de realização histórica, suas previsões e possíveis surpresas para caminharmos com mais segurança no complexo emaranhado de nossa história comum. Simplifica-se a vida, e a história. Simplifica-se a esperança e as lutas futuras. Nega-se a complexidade e a contínua evolução. Temem–se as inevitáveis surpresas inerentes à vida humana.

Os saudosistas religiosos, por exemplo, creem que o mundo saiu perfeito das mãos de um criador e foi em seguida corrompido pelos seres humanos. Cada vez mais a humanidade se desviou dos planos divinos, substituindo-os por projetos meramente humanos. Por isso, é preciso voltar àquele mundo idealizado para realizar os planos divinos e reencontrar a harmonia quebrada ou o paraíso perdido.

É preciso voltar aos caminhos já traçados e à vontade de Deus para que o mundo supere suas contradições e o ser humano seja feliz. E essa volta seria o lugar da verdade, semelhante ao aconchego ou ao abraço saudoso esperado. Essa volta seria a realização plena da humanidade. Será isso de fato possível? Não estaríamos necessitados de uma reflexão a partir de outros referenciais filosóficos?

Não estaríamos sendo convocados a repensar nossas esperanças a partir dos limites da condição humana?

Mais uma vez pensarão alguns leitores: isso não é saudade! Sem dúvida, não é saudade como emoção romântica, como consequência inevitável do "pedaço arrancado de mim", como expressão da dor imediata de uma perda numa relação entre pessoas que se amam. Entretanto, o conjunto dessas experiências parece se afirmar a partir de uma mesma lógica emocional, de uma mesma ordem de valorização das coisas passadas e dos ideais nascidos num passado quase atemporal considerado fundador da ordem ética. Tanto em um comportamento como no outro encontramos a mesma estrutura psíquica, a mesma referência aos códigos de uma memória histórica considerada dogma ou lei universal.

Há uma espécie de constante antropológica que nos devolve sempre nossas raízes, memórias e sonhos ancestrais. Mas quando ela se torna critério máximo de verdade, pode nos aprisionar ao passado e a uma concepção mais ou menos estática do mundo.

Por meio dessa reflexão filosófica sobre a psicologia da saudade, alargamos a dimensão e o âmbito emocional e social da saudade. Ela passa a inscrever-se não apenas na experiência subjetiva individual, mas na experiência subjetiva coletiva. Ela torna-se componente da psicologia individual e da psicologia social. É capaz de mobilizar indivíduos, grupos, coletividades em torno a um ideal passado ou a uma teoria salvífica coletiva.

Há, de fato, coisas que não se sabe ao certo se são saudade. Esta é a condição instável da reflexão sobre todos os sentimentos e conhecimentos humanos. Algumas experiências podem ter talvez outro nome, mas na realidade tocam a emoção que a palavra saudade traduz ou tocam uma espécie de estrutura antropológica comum à emoção da saudade. Por isso, descobrimos seu parentesco e nos permitimos falar delas, mesmo se muitas vezes tateamos em terreno movediço.

As analogias entre tudo o que vivemos são necessárias porque não temos sentimentos isolados nem pedaços de história absolutamente independentes uns dos outros. Os retalhos de nossa vida são costurados uns aos outros, mesmo quando temos a impressão que se destacaram do conjunto para formar outros desenhos. Nossa colcha só se mantém como colcha se os pedaços forem costurados entre si. Esta é a complexa história da humanidade.

Outro aspecto presente na psicologia dos saudosistas tem a ver com a pena ou a dor de ter perdido algo que se prezava ou se valorizava muito, sobretudo em nível individual. E essa dor pode aparecer como sendo maior do que todas as outras. Por exemplo, a perda da emoção da sexualidade, da atração súbita dos corpos, da agilidade no andar, da deficiência de concentração, da quase ignorância do cansaço. Então, nos lembramos de quando fazíamos quilômetros sem nos cansar, do tempo em que nosso encanto atraía pessoas, do tempo em que não sabíamos o que era doença, da qualidade de nosso desempenho profissional ou sexual e assim por diante. É um lamento, em forma de saudade, de algo vivido nos limites da potência do próprio corpo.

A impotência, a incapacidade ou a limitação vivida no presente evocam para muitos um passado de glórias e de inquestionável potência. A memória saudosista reacende em forma de pálidas lembranças o fogo do corpo. Por meio da imaginação, devolve instantaneamente ao andar trôpego sua energia e firmeza passadas. Entrega ao sexo adormecido a lembrança de seu antigo e ativo desempenho. Glorifica a energia da juventude superestimando suas forças e sua intensidade de outrora. Acrescenta pontos aos contos de vida. Modifica a solidão de nossos segredos, embelezando-os e recriando–os de mil e uma maneiras. Torna os tímidos corajosos e os medrosos afoitos numa contínua reinvenção de si mesmo. E então, da lâmpada quase apagada volta-se à lembrança da lâmpada acesa. A imaginação e a memória fazem aliança na narração saudosa do vigor de outrora.

Os olhos que agora veem pouco são projetados nos olhos que viam longe; os ouvidos quase surdos são visitados pela memória dos ouvidos sensíveis à queda de uma agulha; a inapetência atual se contrapõe à fome de leão que se tinha; a debilidade presente se projeta na antiga força capaz de erguer pesos enormes. Do charme e da beleza que existiram, hoje, ficaram apenas alguns traços ainda desenhados no semblante envelhecido, ficaram as simples lembranças imprecisas, misturadas e saudosas.

E foi assim que a saudade da "aurora da vida", do tempo idealizado como bom bateu às portas do coração, as abriu e lá fez sua morada. No inverno e mesmo no outono da vida a saudade parece maior, porque no espaço público o tempo mais valorizado é o da juventude.

Então, os contos e poemas saudosos ou as lembranças da juventude, com sua plêiade de heróis servem para mostrar que o que é valorizado hoje já foi de fato vivido ontem. É uma forma de integração numa sociedade que rejeita o envelhecimento. É igualmente uma forma sutil de relativizar a idolatria presente da força jovem, do corpo jovem e esbelto assim como do futuro da juventude. Tudo passa, e o discurso saudoso, sem muitas vezes ser necessariamente saudosista, mostra essa inexorável passagem do tempo.

Os exemplos são muitos a confirmar essa experiência. Voltam as lembranças das muitas coisas experimentadas como testemunhas do "confesso que vivi", do "confesso que sou mais do que apareço hoje".

O corpo saudoso é aquele que muitas vezes fala do "já fui". O corpo sem saudade é o corpo do serei. O corpo saudoso vê a longa estrada percorrida. O corpo jovem e quase sem saudade vê a longa estrada a percorrer, apesar dos riscos inevitáveis de uma possível interrupção brusca e inesperada da vida.

O corpo saudoso é privilegiadamente o corpo da memória. O corpo ainda sem saudade é o da imaginação, o da infância e da juventude. A memória indica o caminho percorrido, embora selecione lembranças. A imaginação projeta-o para além do presente. Pouco se preocupa com o passado, pois ainda não tem consciência corpórea de sua provável curta ou longa existência. Apenas a consciência narrativa e a observação da vida dos mais velhos não permitem a sensação física, a experiência vivida da história como passado e como corpo saudoso.

Pode-se intuir algo, sem dúvida, mas a experiência parece ser necessária para se poder avaliar a profundidade, a espessura e a largura da saudade, para captar-lhe os diversos meandros e as inevitáveis armadilhas. Esta é a dinâmica inerente à vida humana atual, ao menos, a vida de alguns humanos que conhecemos.

A psicologia da saudade abre-nos alguns espaços para repensar a condição humana em seu tênue equilíbrio, em seus impasses variados, em sua extraordinária beleza e cruel sordidez. Revela-nos a impressionante mistura que somos. E, na verdade, não somos uma mistura homogênea, mas uma massa cujos elementos variados nem sempre se harmonizam, mesmo enquanto a vida cuida de amassá-los, de sová-los em vista de uma boa consistência e do bom sabor do conjunto. O resultado é sempre além ou aquém do esperado.

A vida é sempre um risco de conquistas e de fracassos e é isso mesmo que a torna uma aventura pessoal e coletiva de sabores múltiplos.

A ORIGEM SOCIAL DA SAUDADE

Se for verdade que a saudade como sentimento deita suas raízes na condição humana originária e é vivida individualmente de forma diferenciada, é verdade também que ela expressa marcas a partir de contextos sociais e culturais diferentes. Basta que nos lembremos da própria história humana, na sua imensa diversidade como reveladora de nossa complexa constituição, para comprovar essa afirmação.

A saudade é cultura e faz cultura. Pode, portanto, expressar-se como fenômeno cultural específico, levando-nos a contundentes reflexões filosóficas, sociológicas, psicológicas e artísticas. Pode igualmente expressar-se por meio de diferentes enfermidades pessoais e sociais quando os anseios e expectativas dos indivíduos não são satisfeitos.

Não escapa a saudade aos diferentes condicionamentos e aos diferentes problemas que fazem parte da condição humana. Por essa razão, justifica-se falar da origem social da saudade, para mostrar como os diferentes meios e situações sociais condicionam a emoção da saudade, dando-lhe diferentes cores e intensidades.

É na perspectiva que venho desenvolvendo que podemos, por isso mesmo, falar de como a boa saudade pode sempre misturar-se à má saudade. Usar essa terminologia pouco habitual não significa um julgamento sobre o valor da saudade. Não é uma avaliação ética, mas uma constatação em relação às consequências emocionais negativas ou positivas de uma experiência saudosa.

Assim sendo, podemos dizer que uma saudade se apresenta como bálsamo em nossa vida e a outra como ferro em brasa que queima e fere ao mesmo tempo. Esta última forma da experiência saudosa pode ser captada também como saudade imposta como consequência de causas exteriores ao sujeito. Pode ter nascido de situações não escolhidas e que acabam afetando negativamente o já frágil equilíbrio humano.

A má saudade provém, entre outras coisas, da imposição de poderes que obriga indivíduos e populações inteiras a se submeterem a um jugo injusto. É uma saudade que deita raízes na ganância política e econômica de alguns grupos sobre outros. Pode manifestar-se de diferentes formas.

Por exemplo, podemos dizer que as guerras de conquista, as guerras chamadas religiosas ou as guerras santas, as guerras mundiais e locais, as diferentes formas de intervenção militar e política, além de produzirem violência e devastação, produziram saudades. Saudades de casa, da família, dos amigos, do aconchego, da comida caseira, da cultura, da língua materna. Saudades da mãe, da avó, da namorada vividas na distância e na ânsia diária de notícias. Saudades do soldado filho, do noivo, do marido obrigado a ser funcionário de uma guerra sem querer. Saudades do que nos foi repentinamente roubado pela ganância de outros ou por sua crueldade. Saudades que modificam o tempo ordinário de outrora, o melhor tempo de nossas vidas, transformado agora em algumas boas e dolorosas memórias entranhadas em nosso corpo.

As saudades como frutos de injustiças sociais, muitas vezes travestidas em causas de defesa da pátria, da fé religiosa ou da liberdade são, apesar de toda a poesia e prosa saudosa que puderam inspirar, as que produziram maior devastação coletiva e pessoal.

Relembrando alguns acontecimentos podemos dizer, por exemplo, que a emigração e a migração forçada, ou mesmo a escolhida, provocaram quebras na vida cotidiana familiar, provocaram separações, originaram emoções de diferentes tipos e finalmente podem ser chamadas de espaços de florescimento da saudade. A mobilidade forçada de populações e indivíduos perseguidos em sua terra natal pelas mais diversas razões foi igualmente solo fértil para a saudade como lamento contra as injustiças sociais que produzimos.

A saudade vivida como extremo abandono, como corte das raízes, como distância dos afetos e dos costumes provoca muitas vezes a saudade doente. Esta é vivida no estranhamento de uma nova cultura, na insegurança em relação às novas pessoas encontradas, na vivência de um "fora de lugar" num lugar que nunca foi o seu. Saudade como presença num mundo cultural duplo: o velho carregado na alma e o novo, ainda estranho, quase impossibilitando a harmonização dos dois mundos.

O banzo africano vivido em terras americanas do sul, do norte e do centro é um exemplo e uma das variantes da doença saudade. Os historiadores nos contaram sobre o número imenso de mulheres e homens vindos da África para o trabalho escravo nas diferentes colônias do novo mundo e que morreram não só pelas más condições de vida, mas pela violência emocional da saudade vivida como ferro em brasa. O desejo de voltar à terra de origem e a impossibilidade de fazê-lo cultivaram saudades mortais, imortalizadas na história. O que se viveu ontem como exílio é vivido ainda hoje na luta contínua pela sobrevivência ou por meio das diferentes formas de violência política e social, ainda tão presentes em nosso meio.

As mulheres trabalhadoras do sexo de ontem e de hoje que, com o risco da própria vida, cruzaram perigosamente fronteiras para servir nos países estrangeiros como profissionais, sentem-se igualmente desprotegidas e reproduzem mais uma variante da saudade. Muitas deixam filhos ou pais idosos nos países de origem e vivem seu cotidiano atravessado pela angústia da sobrevivência familiar e pela emoção saudosa diante de qualquer fato que lembre o país. Mentem sobre e para suas famílias, vendem seus corpos, são agredidas, sempre na tentativa de manter a frágil chama da vida ainda acesa. A saudade de algo bom outrora vivido ou até imaginado torna-se muitas vezes seu único refúgio afetivo.

Por sua vez, os que ficaram na terra de origem, estes também se enfermam de saudade dos que partiram. Imaginam belas cenas de volta dos parentes e vivem em função de uma esperança que, na maioria das vezes, não tem condições de se realizar. A terra prometida, a terra mãe, a terra onde corre leite e mel, a terra sem males – são todas terras da saudade, todas nações míticas constituídas pelo desterro e pela vontade de viver de novo algo julgado como "um bom tempo".

A saudade fruto da injustiça social e política é na maioria das vezes esquecida como custo na produção de certos bens. As estatísticas oficiais medem o progresso trazido pela mão de obra estrangeira ou pelas migrantes nos *dancings* europeus e asiáticos ou nas plantações de soja, de cana-de-açúcar, de frutas ou em outras atividades, porém não medem os índices de custo pessoal, do sofrimento vivido como saudade desintegradora.

A saudade social e psiquicamente desintegradora esconde-se nos porões das cidades e dos campos. Não é objeto de publicidade nem de estatística, visto que pode denunciar a produção da miséria humana que acompanha a produção elitista e excludente da riqueza econômica. O exílio vivido por um grupo imenso de trabalhadoras e trabalhadores fora de seus lares se traduz, muitas vezes, como doença psíquica e como saudade desintegradora de muitas pessoas.

Não há como sair de onde se está. Os escassos recursos para sobrevivência não o permitem. Resta apenas ficar como escrava de novos senhores, carregando uma dolorosa enfermidade física e psíquica ressentida como saudade. Às vezes, por meio dessa saudade se experimenta um real alívio ou uma esperança possível anunciada. Outras vezes, vive-se um estado de doença emocional em franca ascensão que pode levar à morte ou a sérias manifestações de enfermidade individual e social.

Denunciar a saudade cativa significa que não podemos entender uma emoção como a saudade se não lhe buscamos as variadas significações e origens. Apenas nos limitar a uma descrição romântica da saudade como um enlevo da alma saudosa não nos desvenda outros complexos recônditos da mesma e das relações sociais em que se esconde ou se origina. É preciso entrar no registro dos fatos da vida cotidiana, da produção de bens, do uso e abuso das pessoas, assim como do esquecimento das mesmas por meio da complexa perversidade dos sistemas vigentes para captar algo mais sobre a saudade.

Desta forma, as significações da saudade estão ligadas à situação de cada pessoa a partir de sua própria circunstância. E as circunstâncias marcadas por relações injustas produzem saudades que se tornaram injustas ou emoções violentas fruto das relações vividas. Em outros termos, o sistema de exclusão social nas suas diferentes manifestações históricas, nas suas vertentes políticas de esquerda, de centro e de direita, sempre produziu emoções, sentimentos, carências e saudades múltiplas e variadas. Por isso, a saudade é, muitas vezes e ao mesmo tempo, punição e refúgio, amarga e doce, bênção e maldição, bálsamo e ferro em brasa.

Nesse processo bendito/maldito, a pessoa inflige a si própria a idealização do passado recente para sobreviver nas situações adversas da vida. Ou pune-se, recusando o que o presente lhe oferece como se carregasse a culpa de estar vivendo o que não escolheu viver, ou ainda culpa continuamente outros por seu exílio e sua infelicidade.

Por isso, coletivamente, formaram-se os guetos de imigrantes, os guetos de trabalhadores estrangeiros, os guetos de prostituídas, os guetos de negros como lugares de sobrevivência e de nostalgia. E é de lá que ainda se podem ouvir as canções da terra, se pode provar das comidas mais ou menos preparadas como se fazia na terra de origem, que se pode falar a língua materna e contar histórias comuns. É lá que se pode falar da filha pequena deixada com a tia, mostrar sua foto, contar suas gracinhas como se o tempo tivesse parado naquele momento de despedida em que a foto foi tirada.

Essa conduta emocional expressa mais uma vez formas específicas de saudade, marcadas pelas diferentes formas de exclusão e injustiça social de que muitos grupos foram e continuam sendo vítimas. Revela-se assim o caráter sociopolítico da saudade, sua expressão racista, de gênero e de classe. Mostramos dessa forma mais um aspecto de sua inter-relação com todas as dimensões de nossa vida.

A complexidade do fenômeno saudade é novamente confirmada e nos leva a dizer que apenas conhecemos algo dessa emoção que acompanha a diversidade das situações da vida humana. Contudo, a proporção do que desconhecemos é infinitamente maior. Continuamos sempre às apalpadelas no conhecimento de nós mesmos e a cada passo a possibilidade de um novo espanto cognitivo e emocional nos espreita. A saudade é testemunha desse caminho pelo qual nunca se chega a um termo final do conhecimento. Há sempre mais alguma coisa a acrescentar, mais uma variação, mais uma dobra a ser aberta, mais uma nota harmônica ou desarmônica a ser executada na misteriosa sinfonia da vida.

A ESTRANHA DOR DA SAUDADE

Que a saudade possa trazer memórias prazerosas é um fato. Que ela possa ser a expressão renovada das coisas boas que vivemos não se discute. Mas, esse caráter benfazejo da saudade é fortemente contrabalançado pelo que experimentamos como dolorosa saudade.

A saudade que revolve as feridas é capaz de provocar dor tão profunda e de mover os alicerces e o equilíbrio psíquico e afetivo de alguém. Acontece como uma espécie de terremoto inesperado, um mal-estar íntimo, uma angústia gigantesca, uma comoção que tira do sujeito suas possibilidades habituais de enfrentamento do cotidiano.

Tal situação se inscreve na própria condição humana, marcada pela desmesura das coisas; se passa no interior dessa realidade constitutiva de *Homo sapiens* e *Homo demens* que nos caracteriza. Sabedoria e demência conjugadas no mesmo ser, criando emoções diante das quais a nossa razão é incapaz de levar a algum equilíbrio.

Somos capazes de manifestar nosso sofrimento e paixões de forma convulsiva e violenta, somos capazes de nos deixar tomar pela intensa dor que sentimos e transformá-la em cólera, em cegueira diante da realidade, em gritos ou em distúrbio total de nossa pessoa. Podemos ser levados a matar e a morrer. Ou, somos capazes de nos enclausurar num silêncio total, impedindo a qualquer um acesso à nossa intimidade e de combater em silêncio mundos mobilizados por nossa ferida. José Saramago, no livro *Ensaio sobre a cegueira*[14] ajuda-nos a refletir sobre essa mistura caótica de sentimentos e reações sobretudo nas situações inusitadas da vida.

---

[14] Acrescentar nota de rodapé: Saramago, José. *Ensaio sobre a cegueira*. São Paulo: Companhia das Letras, 1995.

Essa desmesura somos nós, e a desmesurada saudade nada mais é do que uma pálida expressão do que somos. Entretanto, nessa desmesura manifesta-se algo de nossa criatividade, algo que pode se transformar em arte, literatura, música, mística ou dominação implacável dos outros.

Dizem até que muitos carrascos e ditadores assim se tornaram porque foram extremamente feridos pela vida. Vingaram-se da vida machucando a vida de outros. Criaram a pretensa arte da tortura, afinaram seus instrumentos de guerra e de vingança ao outro e nelas colocaram a força de seu ódio, originado da chaga da ausência do amor. A longa história da violência humana encontra neles inspiração.

Mas quero falar de outra arte, a arte saudosa que pode ser um possível início da cura da enfermidade da saudade. Quando conseguimos estancar o sangue das feridas abertas há possibilidade de continuar vivendo. E somos capazes de encontrar esses caminhos curativos, apesar de sua fragilidade. A expressão dessa mistura criativa de dor e arte marca nossa condição humana. É capaz de produzir, a partir da captação da dor, poemas de altíssima inspiração e beleza como o que se segue.

O poema cantado por Chico Buarque é capaz de expressar, um sentimento de vertigem, um estar à beira do abismo, uma compreensão íntima de algo que não parece ter explicação. Não há palavras que traduzam com precisão o que esse desvario de saudade provoca naqueles sintonizados na dor humana, mas apenas constatamos que "algo acontece em nós". É como se estivéssemos expostos a ela, ameaçados por ela, lembrados no claro-obscuro de nossa consciência de que algo parecido com o cantado ou lido está presente na história comum da humanidade. Sem clareza, captamos algo de sua intensidade e, por meio dessa tênue compreensão, irmanamo-nos na mesma dor, na alegria e nas saudades.

> Oh, pedaço de mim,
> Oh, metade afastada de mim,
> Leva o teu olhar
> Que a saudade é o pior tormento
> É pior do que o esquecimento
> É pior do que se entrevar.

> Oh, pedaço de mim,
> Oh, metade exilada de mim,
> Leva os teus sinais
> Que a saudade dói como um barco
> Que aos poucos descreve um arco
> E evita atracar no cais (...)[15]

Do instante supremo da dor brota a inspiração do poema, e sua escrita o universaliza permitindo a tantas outras dores se expressarem e se encontrarem nas mesmas palavras. Saudade do pedaço arrancado de mim, da parte exilada de mim; saudade descrita como barco que desenha um arco e evita o cais. A dor da saudade é descrita como sendo a pior das dores.

À primeira vista, não há saídas possíveis para a dor imensa, não há um cais de chegada, não se avista o fim do túnel, não há chances de que a luz se acenda. E mais do que isso, quando se está atolado no desespero não se pode e não se quer chegar a parte alguma. A dor é tão grande que nenhum alívio aparece como possível. Apenas

---

[15] Chico Buarque, "Pedaço de mim", 1977.

se pode viver no instante do desespero, afogar-se nele como único recurso, viver sem saída entre as possíveis saídas que se poderia ter.

Abrimos espaço para a desmesura vivida, para a transcendência e demência da dor por meio de certas formas de saudades, para a submissão ao menos temporária à dor. Nada é maior do que minha dor. Ela me derruba e me vence. Nada pode curar neste instante a minha chaga. Ela é apenas a forma máxima de meu sofrimento, forma capaz de apontar para as contradições da vida e para a minha perdição que, embora momentânea, é vivida como eterna. Não há respostas, não dá para refletir sobre alternativas no imediato. Apenas se vive uma sensação corporal intensa, uma dor do ser.

Por isso há um acordo tácito e experimental entre as palavras do poema de Chico ou na entonação do poema cantado. A cadência musical transforma o ritmo interior e faz sentir o arrepio e a dor indizível da desmesura de certos sofrimentos. Comungamos com ela como se fosse um acontecimento em nosso corpo.

O poema toca as nossas entranhas, mesmo que não tenhamos experimentado o mesmo tipo de dor que expressa.

Entretanto, a vida nos permite intuir sua intensidade, apalpá-la pela emoção e o pensamento, sentir o calafrio de sua hipotética proximidade, a irrupção possível dessa velha chaga humana, o medo de ser também vítima ou presa dessa dor ou de dores semelhantes. Esta desmesura da vida nos rodeia por todos os lados e não é possível fugir dela, esconder-se, proteger-se mesmo se quisermos de alguma maneira renunciar a ela. A vida é sempre um risco, uma dor, uma alegria, uma saudade, uma chaga aberta e uma esperança.

Se, de fato, é difícil colocar-se na dor do outro, no que sobrou do corpo cujas partes foram exiladas ou arrancadas, algo, entretanto, podemos captar. A imaginação viaja pelo obscuro continente da dor. Podemos adivinhar sua intensidade porque a dor não nos é estranha. Doemos sempre, embora sejamos incapazes de repetir ou reproduzir a dor vivida pelo outro. E a dor, entre outras de suas tarefas, é capaz de inspirar a arte, provocá-la, acordar o poeta, o pintor, o músico e o místico.

Com letras, tintas, notas e silêncio tenta-se expressar o inefável momento da quase ruptura da interioridade, do desejo de fuga de si mesmo, do desejo do fim do mundo, do anseio pelo nada. Sustentados por um fio, os artistas fazem dele o tênue fio de seu bordado, o pincel de seu quadro, o lápis de seu poema, a nota de sua música, o silêncio de sua noite escura.

No poema de Chico a saudade é vivida como tormento, como respiração convulsionada, como vida atormentada. Saudade como algo pior do que o esquecimento, pior do que entrevar-se. O esquecimento não atormenta, simplesmente desaparece do campo da memória. Apaga-se, dilui-se, não provoca dor constante. Mas a lembrança viva do pedaço arrancado de mim constitui-se em tormento sem tempo para terminar. Tempo eterno é o tempo da dor. Por isso, a dor da saudade persegue, maltrata, fere e pode até matar.

Entretanto, entrevar-se fisicamente por algum motivo qualquer, é lidar com uma dor que não é causada necessariamente pela ausência do outro. É outro o pedaço de mim ou o movimento ou a coisa que foi dolorosamente perdida, mas a proporção parece outra.

O entrevado, salvo exceções, parece manter a integridade de seu amor, do bem querer que o ajuda a viver, do frágil sentido de sua vida. Mas ao que perde o outro com quem fez história de vida, e se tornou fonte de amor e ternura, reciprocidade renovada, o exílio da saudade pode tocar os limites do insuportável. A saudade provocada pela ruptura de laços, de apegos, de expectativas e sonhos abre em nós a consciência não só de nossa finitude, mas da dor da finitude.

A saudade, ou melhor, a saudade que fere e faz sangrar é em muitos aspectos sinônimo de sofrimento. Não é resposta ao sofrimento como pensam alguns, mas um prolongamento emocional do sofrimento. Dele nos tornamos cativos até que a roda da vida consiga dar outras voltas e em alguns casos aliviar ou até curar as feridas. Ainda assim, ficam as cicatrizes cujas marcas o tempo talvez se encarregue de diminuir. Apesar de se tentar libertar "a saudade cativa" ou a saudade do cativeiro do passado, ainda ficam na lembrança suas marcas indeléveis.

De fato, há uma estranha dor na saudade. Haverá igualmente uma estranha alegria na saudade? Ou um consolo particular? Mais uma vez, minha breve resposta busca inspiração e apoio na arte e nas crenças religiosas que somos capazes de criar a partir das saudades.

Conta-se, por exemplo, que as mulheres macabeias,[16] diante da morte em massa de seus filhos na guerra contra

---

[16] Cf. "Primeiro e Segundo Livro dos Macabeus", *Bíblia de Jerusalém*. São Paulo: Paulinas, 1973.

Antíoco Epífanes, não podiam suportar o desespero de sua ausência. Tantas vidas ceifadas para nada. Tanto esforço e tanto sofrimento sem razão. Para elas, Deus não poderia ser tão injusto a ponto de ceifar-lhes a vida em plena juventude. Até a fé em Deus estava ameaçada pelo excesso de sofrimento.

Tinham que encontrar algum bálsamo para aliviar-lhes o sofrimento, alguma razão que justificasse uma morte tão cruel, devia haver alguma pequena luz na escuridão de seus dias. Inconsoláveis e com o coração dilacerado diante da perda irreparável de seus filhos, em plena juventude, buscavam algum antídoto para continuar a viver.

Parece que saiu, em parte, delas a crença na ressurreição dos mortos como resposta ao tormento da saudade. Puxaram um fio de suas entranhas e com ele teceram sentidos, redes frágeis para deitar neles suas vidas. Passaram a acreditar que seus filhos estavam vivos com e em Deus. É nessa linha que uma história é narrada no "Segundo Livro dos Macabeus".

Uma mulher que presenciou a tortura e assassinato de seus filhos fiéis às tradições judaicas estava tomada visceralmente por seu sofrimento.[17] Ela confortava os filhos e parecia segura que estariam vivos numa outra vida. Pelo menos lá se juntariam todos e seriam felizes. Foi a mãe a última a morrer nesse massacre celerado. E o sentido de um encontro depois da morte, de uma festa num outro mundo, de um abraço que não seria mais submetido à dor da distância e da separação foi criado. Obra de arte da imaginação e do coração humano. Sabedoria demente capaz de sustentar a vida. Invenção de uma crença e de crenças coletivas capazes de tornar a vida suportável.

O texto escrito após os terríveis acontecimentos históricos vividos pelos judeus revela que, da legenda que se fez em torno desses jovens e de sua mãe, nasceu uma resposta à insuportável dor pela morte injusta dos jovens na guerra. Uma resposta consoladora era necessária, pequena sem dúvida, resposta que não substituía a presença viva, mas uma resposta que ao menos permitia ao povo seguir a vida adiante. Era preciso acreditar que um dia, talvez numa outra vida, reencontrariam os filhos perdidos na guerra e tudo seria uma festa.

---

[17] "Segundo Livro dos Macabeus", cap. 7.

A vida depois da morte nasce da saudade dos que foram amados. A crença numa outra vida apazigua a dor que se instala nesta. A saudade inventa outros mundos e nos faz almejar por eles. Cria ritos e celebrações para lembrar os que se foram e afirmar, por meio da imaginação religiosa, o belo destino que agora têm. Essa capacidade inventiva dos seres humanos é expressão da necessidade de sentidos que nos permitam estar vivos, que não nos levem ao desespero da loucura ou do suicídio.

"A saudade é o maior tormento"... Adormece-se e acorda-se com ela. No sono inquieto se tem a impressão que ela adormece, mas ao se despertar ela acorda junto, como um punhal cravado no peito. Faz doer a alma, machuca sem sangrar, dificulta a respiração, trava a garganta e o corpo quase entorpecido fica à espera de algum momentâneo alívio.

De muitas maneiras essa dor, mais intensa ou menos intensa, foi a inspiração e o mote para muitos poetas. Por isso, de um jeito diferente ao de Chico Buarque, lembrei-me de Luiz Gonzaga e Antonio Teixeira falando, à sua maneira, da dor da saudade:

É uma saudade com outro ritmo musical, sem desespero e com possibilidade de ser saciada ou apaziguada.

E, apesar de sua intensidade, parece ser quase uma saudade bálsamo, conforto e consolo.

> Ai quem me dera voltar,
> Pros braços do meu xodó,
> Saudade assim faz roer
> E amarga que nem jiló.
> (...)

Saudade menos trágica que o pedaço arrancado de mim, mas reveladora de outras experiências de dor intensa. A ausência e o desejo de voltar à situação que se deseja são o primeiro momento da irrupção da dor da saudade. "Quem me dera?". Quem teria a força de restaurar os pedaços perdidos da vida, fazer voltar a uma harmonia desejada? Quem nos ajudaria a ter de volta o que perdemos? Não há respostas.

O "quem me dera" não abre caminhos para o abraço ou para o repouso nos braços desejados. Assemelha-se ao "se eu tivesse feito aquilo", ou "se eu não tivesse falado", ou "se...". O "se" aplicado ao passado como explicitação do remorso diante de alguma ação ou do desejo de se restaurar algo não é capaz de modificar em nada a situação da dor presente. É um alívio de palavras, uma ilusão construída pela imaginação, um inevitável artifício da condição humana.

O verbo roer aplicado à saudade revela esse caráter constante da dor, machucando o interior do corpo, roendo as entranhas, insistentemente, continuamente. Ao mesmo tempo, provoca um gosto amargo na boca ou na vida, gosto mais amargo do que jiló. Mais uma vez, a analogia é o único caminho a partir do qual se pode explicar algo da dor da saudade.

Dizer que se parece a algo que rói significa que é processo lento e contínuo, como a fome de pão ou de comida sólida que muita gente sofre no seu dia a dia. A saudade é essa fome insistente, persistente, sem compaixão que nos assola, como uma enfermidade que acompanha tudo o que fazemos. Às vezes conseguimos distraí-la, mas quando nos damos conta, ela aparece de novo e com intensidade maior. Fome de pão e fome de presenças. Semelhança de dores e sensações. Nomes múltiplos da saudade.

A saudade ou, mais precisamente, a saudade que machuca aparece assim como uma espécie de cativeiro a partir do qual tudo o que se faz, se faz dentro dessa prisão subjetiva. Saudade que enferma e faz descer aos infernos de nosso ser; que escurece a vista a qualquer nova luz, que torna a noite comprida e as manhãs custando para chegar. Saudade que causa pânico, que faz perder o sono, a fome, a vontade de viver.

A ausência é tão grande, o pedaço arrancado tão extenso que a morte passa a ser desejada, não pelo fim, mas como remédio, como alívio para a dor. "Morro porque não morro", dizia Teresa de Ávila. Deseja-se a morte que não vem porque se está muito enfermo em vida e a extinção do ser parece a única saída. Saudades da morte?

O fato é que, muitas vezes, só o tempo pode aliviar a dor da saudade. Da mesma forma as amizades, a poesia, a terapia e tantas outras pequenas coisas. Alívio, mas não cura. Ficam sempre as cicatrizes, que permitem falar da fragilidade e do efêmero de todas as coisas que constituem nossa vida e também as nossas saudades.

FECHOS SOBRE O SEM FIM DA SAUDADE...

Inspiro-me para um primeiro fecho no filme *A janela*, de Carlos Sorin (Argentina/Espanha, 2008). Vê-se um quarto, uma fresta por onde entra uma tênue luz, um homem velho, acamado, gravemente enfermo. Uma recordação, um sorriso nos lábios e uma misteriosa energia o fazem erguer-se, abrir a janela, olhar a belíssima paisagem da Patagônia.

Memórias dão força. Trôpego, sai do quarto arrastando consigo o frasco de soro. Abre o portão, a grade, a porteira e sai ao campo aberto à procura das antigas vivências.

Equilibra os passos e segue adiante como se fosse um menino. Refaz o caminho do campo, revê ao longe as montanhas, toca as pequenas flores. A vontade de urinar livremente invade seu corpo de novo.

Havia tempos que isso não acontecia e, dando-se coragem e com muito esforço, consegue finalmente completar a façanha. Sorri para si mesmo. Depois lentamente se deita na relva e ela o cobre. É como se ele e a relva fossem um só. É finalmente encontrado e reintroduzido na prisão do seu quarto, ladeado pelas atentas enfermeiras. A recordação e a liberdade instantânea o fizeram reviver.

Celebrava nesse mesmo dia a chegada do filho que não via há anos. Com uma velha garrafa de champanhe já sem gás quis fazer a festa. Valeu ter esperado quarenta anos para viver esse momento de satisfação. O rosto da nora confunde-se com o rosto da mulher que o cuidou quando pequeno. Sorri, ouve a mesma música de quando era criança. Pressente que há um baile no salão de sua casa, o mesmo que a lembrança trazia à sua memória de quando era menino. É a mesma recordação unificada naquele instante. O homem velho moribundo e o menino se encontram naquele instante; o passado e o presente se confundem, como se o tempo não contivesse mais tantas divisões. E a entrega do último suspiro acontece como se fosse o final de um poema.

No filme não se trata de saudade no sentido corrente do termo. O que aparece é um símbolo ou uma parábola sobre a saudade. Há uma forma de segurança no passado, a necessidade da repetição de algo familiar, algo terno que permite até dar o passo da vida para a morte. Na cor pastel das paisagens do lugar e das recordações, o último dia recupera a vida em um segundo e a fecha como bela obra de arte. Tudo está consumado. A saudade desaparece com a morte de quem a sentia.

Partilho um segundo fecho a este livro. Ele me vem de uma canção: "tristeza não tem fim, felicidade..."; o mesmo se poderia dizer da saudade. Ela não tem fim, mas a conversa sobre ela precisa ser finalizada.

Tinha me proposto a dar aos leitores e leitoras, se possível, instantes de reflexão, beleza e prazer por meio da leitura deste livro sobre a saudade. No final, temo não ter conseguido, pois relendo o texto percebo que a saudade, se não for irmã da tristeza, é sua prima-irmã. Poderia até chamar meu texto de um breve ensaio filosófico sobre a dor ou sobre a tristeza presente na saudade. Mas, sei também que a dor cria arte, poesia e compaixão. E então me vêm à memória belas trovas de um seringueiro do Acre, refletindo vivências de histórias saudosas como parte da condição humana.

> Saudade é um parafuso
> Que dentro da roda cai,
> Só entra se for torcendo
> Porque batendo não vai
> E quando enferruja dentro
> Nem distorcendo sai.[18]

Aprendi com esses versos que, desde que nascemos, há um parafuso que começa a rodar na roda de nossa vida e fica lá, entrando e torcendo lentamente, depois enferrujando com o tempo até tornar-se um pedaço de nós mesmos, pedaço que não sai mais porque é nossa própria história. O parafuso se transforma em nosso corpo e em nosso sangue. E fica lá, até o final de nossa vida.

Por isso, nunca vamos deixar de ter saudades e de perguntar: o que é mesmo a saudade? E aí tentamos sempre

---

[18] Versos de um seringueiro do Acre. Citado por Frei Betto em *A arte de semear estrelas*, Rio de Janeiro: Rocco, 2008.

de novo responder, sem ter nunca uma resposta final ou uma resposta que se ajuste ou que explique todas as saudades que sentimos e suas aparentadas dores.

A saudade, pelo que escrevi, não dá lucro e nem parece ser de grande valia. Apenas parece provocar a arte, o fazer poético, a composição musical, e se abre em vazios que nunca se encherão. Para que serve a saudade? Para nada além dela mesma, e dela não podemos nos desfazer. Sua aparente e inevitável inutilidade demonstra algo importante da própria vida humana. Corremos atrás do sentido, vasculhamos nosso ser e o mundo em busca de sua morada e muitas vezes no lugar de sentidos imediatos encontramos saudades.

Não há portas abertas para a luz, frestas que permitem vislumbrar os jardins floridos de nosso desejo, mas talvez pequenos buracos no telhado "que salpicam de estrelas nosso chão". Os sentidos não são camas perenes nas quais repousa tranquilamente nosso corpo. Vão e voltam. Às vezes nos sustentam e outras vezes nos jogam no chão frio. Corremos atrás deles e eles correm atrás de nós como num jogo de pega-pega ou de esconde-esconde. E a saudade está nesse misterioso jogo vital. Não seria ela nossa própria história, para além do provisório momento presente? Não seria a expressão do vazio originário que nos permite crescer e fazer história, e contá-la sempre de novo?

Saudade de mim, saudade dos outros ou simplesmente viver sem saudades precisas... De todo jeito, há um lastro que nos une a tudo o que já foi e está sendo, há uma trama anterior da qual fomos tecidos e continuamos a tecelagem. Marcas e rastros deixados em mim e em todos os outros. Marcas e rastros que estão sendo deixados como novas heranças saudosas. Tecemos, hoje, as futuras saudades.

Para que serve refletir sobre a saudade? Só para lembrar que, mesmo sem buscá-la e sem nomeá-la, ela está em nós. Faz parte de nosso corpo, de nossa evolução humana, de nossa constituição básica, de nossas entranhas. Quem ama conhece a saudade. Como dizia Cecília Meireles em algum livro, do qual guardo apenas estas palavras: "o amor é paradoxalmente uma constante saudade"...

Amar é ter saudade. E se a gente não ama? Será que não sente saudade? A saudade aqui é mais do que um amor de contínua proximidade e cuidado. É mais do que um amor romântico. É viver e buscar a preservação da vida, e a isso podemos chamar de uma das formas mais elementares do amor. Por isso, acolher a saudade é acolher nossa condição de recomeço diário em relação a algo do qual não podemos abrir mão: amar a nós mesmos, amar-nos como protagonistas de nossa vida. E amar de muitos jeitos e intensidades, mesmo sem saber bem o que é, como é ou como será nossa existência. Amar mesmo sem saber que o que vivemos é amor para além das definições dos dicionários.

O fato é que desejamos o amor como nosso alimento, como comida para nossa fome, como força de atração que nos envolve e revivifica. Se é assim, estaremos acolhendo com ele a dose imensa de saudade e a dor que o acompanha sempre.

Atrevo-me ainda recordar neste fecho uma dimensão que nos escapa na corrida competitiva da vida atual. Saudade é mais do que sentir a ausência de alguém; é muito mais do que sofrer por não ter feito o que se imagina que deveria ter sido feito. Saudade é a marca e a emoção do reconhecimento de que houve encontros e caminhos que nos conduziram aonde estamos, houve relações que tiveram importância em nossa vida. E isto para além da dor que provocaram e das perdas que significaram.

Saudade é, de certa forma, o reconhecimento do que foi e até a gratidão pelo que foi. Gratidão como uma forma de consentimento ao que deixou suas marcas boas e entre as muitas cicatrizes. Foi-se, mesmo que quiséssemos que durasse mais ou que fosse diferente. Entretanto, são essas as marcas que ficaram como partes de nossa vida. São elas do jeito que foram que se constituíram em nossa história comum e em nossa originalidade pessoal. Gratidão aqui não é desejo de restauração de um passado, não é querer ter de volta o que se foi.

Gratidão é simplesmente estar aí, e acolher o que foi e o que está ainda presente; é acolher o que já desponta na aurora do novo dia. Gratidão não é sempre saltitar de alegria, mas viver a consciência de que muita coisa é para além de nossa individualidade, de nossas decisões, de nossos planos e planejamentos. E por isso, no final deste livro quero resgatar a saudade não mais entristecida e desesperada, mas apenas como memória de gratidão vivendo em nós. Saudade transformada em húmus da história, em elos de continuidade entre o ontem e o hoje.

Isto me fez até pensar na semântica da palavra saudade. Saudade vem de *salu*, que significa estar *só* física ou psiquicamente. Daí vieram as palavras *solidão* em português e *soledad* em espanhol. O significado básico se situa no indivíduo, na nossa condição de seres sociais e seres solitários, buscando sempre ultrapassar os limites da solidão. É como se, ao buscarmos ir além da solidão, intuíssemos que há algo em nós que nos chama para os outros, que nos faz viver deles e com eles.

A saudade é essa emoção solitária que me convida a viver para além dela, ou seja, me convida à solidariedade. Por isso, a saudade é uma forma de poesia que não pode ser sufocada. As sem-razões da saudade levam-me a reproduzir nestas linhas finais os versos de um poema de uma velha amiga, Agostinha Vieira de Mello, intitulado "Mínimo diálogo entre a Razão e a Saudade". Nele, a poetisa potiguara, vivendo em João Pessoa, abre o diálogo sem fim entre a razão e a saudade, entre a razão e a poesia incontrolável da vida:

> Razão: Você cansa?
> Saudade: Canso sim!

Razão: Com quê?
Saudade: Com tantas lembranças!
Razão: Pois vá controlando essas lembranças!
Saudade: Eu não!
Razão: Por quê?
Saudade: Porque ao controlar, eu posso sufocar poesias...

INDICAÇÕES PARA LEITURA

ANDRADE, Carlos Drummond de. *Antologia poética*. Rio de Janeiro: Record, 2005.

BARROS, Manoel de. *Ensaios fotográficos*. Rio de Janeiro: Record, 2003.

_____. *Memórias inventadas, a infância*. São Paulo: Planeta, 2004.

_____. *Memórias inventadas, terceira infância*. São Paulo: Planeta, 2008.

BRUCKNER, Pascal. *L'euphorie perpétuelle. Essai sur le devoir de bonheur*. Paris: Grasset, 2000.

BUARQUE, Chico. *Leite derramado*. São Paulo: Companhia das Letras, 2009.

ECO, Humberto. *História da beleza*. Rio de Janeiro: Record, 2004.

LAGES, Susana Kampff. *João Guimarães Rosa e a saudade*. São Paulo: Fapesp, 2002.

RICOEUR, Paul. *Finitude et culpabilité. L'homme faillible*. Paris: Aubier/Montaigne, 1960.

_____. *Memória, a história, o esquecimento*. (Tradução). Campinas: Unicamp, 2008.

SARAMAGO, José. *Todos os nomes*. São Paulo: Companhia das Letras, 2007.

TEIXEIRA, Antonio Braz. *A filosofia da saudade*. Lisboa: Quid Novi, 2006.

SOBRE A AUTORA

Sou uma andarilha — aprendiz e professora. Tornei-me andarilha já faz muitos anos, mas desde os anos 1990, depois do fechamento do Instituto de Teologia do Recife, no qual ensinei por muitos anos, esse se tornou quase o meu dia a dia.

No começo, sentia-me uma espécie de combatente pela causa da justiça. Queria convencer as pessoas a aderirem à justiça social, ao caminho de dignidade dos pobres. Depois veio o tempo em que acrescentei o feminismo ao meu combate. Viajei muito pelo Brasil e pelas Américas, carregando a bandeira da dignidade das mulheres. Andei também por belíssimos rincões da África, da Ásia e da Europa a convite de muitos grupos e universidades.

Além de minhas bandeiras, abri-me para o planeta e abracei o colorido da ecologia. Senti-me por tempos: pregadora do Evangelho de Jesus, combatente pela justiça social, promotora do feminismo e do ecofeminismo. Achava que o mundo podia mudar, talvez do jeito das pregações que eu carregava. Descobri muitas caras carregando bandeiras parecidas com as minhas e outras opostas. Aprendi muito. Acreditei e acredito que o coração humano, apesar de suas contradições, pode abrir-se à misericórdia comum, à solidariedade planetária, à proximidade da ternura e dos afetos. Acredito nisso não como uma situação estática ou um ponto de chegada, mas como matéria renovável na conflitiva vida ordinária.

Hoje continuo andarilha e com os mesmos sonhos, embora menos convencida de que um dia os verei realizados como foram sonhados por mim e por tantas outras pessoas. Mas agora isso já não importa, pois, apesar de algumas frustrações, percebi novas sabedorias na vida. Descobri que o importante é estar aí neste tempo intenso e breve e, enquanto se está aí, continuar a lutar pela dignidade da vida, sentir saudades e ter a esperança de que o dia seguinte será talvez melhor do que o dia de hoje. Descobri que carrego comigo um pequeno tesouro de aprendizados e de belezas colhidas e acolhidas de tantos rostos e situações ao longo de meu caminho.

Sabedorias e belezas frágeis que vivem comigo e que me fazem descobrir outras, sobretudo nas coisas simples da vida, nos encontros desejados e nos inesperados. Guardo em mim pedaços de muitas histórias, acolhi muitas lágrimas de tantos sofredores, pequenas alegrias, esperanças e muitos pedaços de diferentes canções. E dessas canções me ficaram alguns estribilhos que parecem voltar a cada instante em minha vida. Dos muitos que me habitam, me vêem à memória dois, que consigo silenciosamente ouvir na voz da saudosa Mercedes Sosa — "Todo cambia" e "Gracias a la vida que me ha dado tanto". Tudo muda... Graças à vida, que tanto me deu...